福，如东海

中共东海县委宣传部荣誉出品

情调苏州工作室特约承制

中国·苏州
古吴轩出版社

总顾问

朱国兵

总编撰

高美峰

主编

朱崇慧

副主编

王正斌　张　翔　张俊启

执行统筹

张　瑜　奚晓平　王　楠　于　鹏

艺术总监

王银梅

图片统筹

王　达

通联协调

李凤之　王　静　张开虎

插画

某只梅　邱　香

主创团队

余　涛　蔡　璐　张　英　施玉谦　李媛媛　袁　炜　顾　芸

蒋世颖　王梦伊　虞恬静　吴颖娴

特约图文

吉　克　瞿金根　于　祥　曹明凤　赵庆岭　邵光明　王道柏

陶士振　顾兢克　肖保进　宋彦伟　周锡俊　姜文翔

一千个人眼里，有一千种幸福。

来东海，遇见一树花开，遇见一种幸福。

有时，也要在追求幸福的路上停一停，享受幸福。

柴米油盐调味似水流年，努力把寻常的日子过成

诗

倚风，凭栏。
掠影，浮光。
于是，你有了水的性灵，
亦有了风的不羁。
时光淡然，
琴声悠然，
回首蓦然。
风里划过轻灵的鸣叫，
它们的幸福，
一池碧蓝的湖水知道。

有一种乡愁叫
水晶之恋

那片海，早已封印进历史，刻画入记忆。

你所踏上的这片土地，她的名字就是沧海桑田。

激烈的地质变迁，造就了独特的地理环境。这种独一无二的物理构造孕育了水晶，形成了这种矿物得天独厚的生长条件。

你所见到的这块水晶，她已等你亿万年。

1亿年有多长？这些玲珑剔透的石头会告诉你。那个时候，地球还很年轻，火山时常喷涌岩浆，地震频发。地下的溶洞中，一些岩浆在水流中冷却、结晶，一点一点缓慢生长。直到有一天被挖掘，这些六棱的尖尖柱体展露在世人面前，晶莹璀璨。

东海，是水晶孕育、生长的温床。水晶，是造物主馈赠给她的礼物。1亿年，这片土地和水晶共生共长，彼此成就，并一同见证人类在这片土地上蹒跚学步的身影。

1万年有多长？大贤庄出土的水晶制品会告诉你。那个时候，人类还很年轻，这片土地森林茂密，杂草丰茸。人们在这里以石为器，狩猎采集，炊烟袅袅升起。东方的地平线上，现出文明的曙光。

6000多年后，治水不力的鲧命丧羽山。大禹继承父业，遏制住了滔天洪水。那个时候，海水渐渐东退，先民在这块土地上耕种劳作，栉风沐雨。

时间是一束光，透过水晶聚焦这片土地，洞穿历史，照见未来。许许多多的人，在这片土地上走过；许许多多的事，在这里上演，这是一方小小的舞台。公元前221年，历经500多年战乱纷扰的中国终于实现"大一统"，始皇帝设置东海郡，这片偏安海隅的土地归入秦帝国版图。

这块石头始终陪伴着这片土地上生活的人们，从童年到成年，从过往到现在。穿过斑驳残损的史册，那一页宁静而祥和。一群人口中喊着号子，挖土推车、夯土砌墙，忙碌而有序。历史已经走到汉初，2000多年后，我们知道他们建的是"曲阳城"。出土的物品显示，曲阳城城池高深，规模宏大，当地物阜民丰。差不多同一时间，另一座城池在距它30里外的北边修建，这个后来被叫作"罗庄城"的城堡，从遗址范围看，足有两个曲阳城大。差不多同一时间，东海郡主管官员晋级升迁的功曹师饶在这块土地上辛勤奔波。白天，他频繁出差考察"干部"；晚上，他整理文书写下日记。他死后，葬在离罗庄城不远的家族墓地——他的家，可能就在罗庄城。后来，他的墓中出土的木牍竹简，补充、订正了很多汉代历史事实，也从侧面反映了当时这里人们安居乐业、经济兴盛的情景。

自诞生起，水晶始终是个低调的存在。在地下，在矿中，在历史的某个不知名角落，她只是安静地生长着，默默地见证着，用她的简单透明记录着这里发生的一切。她并没有刻意展示自己，但她的光芒遮掩不住，阳光会泄露她的美，只是偶尔晶光一闪，惊鸿一瞥，就已惊艳唐诗宋词。李白游东海，把这晶莹剔透的灵石跟相思美人做比兴，诗曰："却下水晶帘，玲珑望秋月。"他赋予了这块质地坚硬的石头一颗柔软的心。温庭筠对水晶

的认知是，“水玉簪头白角巾，瑶琴寂历拂轻尘”。他更看重“其莹如水，其坚如玉”的高洁品格。苏轼两次来到东海，水晶，也因此成为他诗词里频繁出现的意象。在《念奴娇》中，他写道：“水晶宫里，一声吹断横笛。”他把冰清玉洁的月宫比作水晶宫，抒发的，是他自己那份洒脱不羁的豪情。

每块水晶都有不一样的故事。每个人看到的，都是不一样的水晶。就是这样，她只是一块晶莹剔透的石头，而你，看到的只是你眼里的样子。

农耕时代的日子慢，日出而作，日落而息，四时轮回，按部就班，不知不觉就已千年。这片土地东临大海，南北交会，没有经历很多大的灾难，没有发生很多大的事件，没有出过很多大的人物。在波澜壮阔的历史长河中，她是一个宁静、安逸的存在，置身事外又身处其中，按照自己的轨迹，演绎自己的故事，就像水晶。故事里的人也是这样，简单而率真，勤劳而坚韧，朴实而知足，守着这方土地，守着这份“小确幸”，一代一代走过来，一如水晶。他们说，这是种充实的温暖、踏实的幸福。这种幸福，叫“福如东海”。

时光流转，那些古城，连同走过的人和事，都已泯灭在荒烟蔓草、风吹雨打中，不变的是埋藏地下、晶莹闪烁的那块石头。这块石头，见证亿万年的自然变迁，也陪伴着东海人走过历史风烟。她

是东海的符号，包裹着东海人的情感，蕴含着东海人的期盼。

每个人都有一个喜欢水晶的理由。博物馆里，那些琳琅满目的石头不说话。她们历经亿万年却依然光芒四射，她们饱经沧桑却不事张扬，只是默默静立，等待与你邂逅。伫立凝神，互相对视，你看到了什么呢？她们纯洁神秘，她们包容含蓄，她们执着坚守、始终如一。你的眼里投射出真实的情感，你的脸上流露出悠远的遐想，你的心里泛起莫名的感动。那是你看到了她记录的信息，读懂了她留存的密码。你看到了自己的童年，听到了久违的乡音，想起了曾经的乡情、亲情，以及回不去的从前。

她勾起了你的乡愁，有些甜蜜、有些忧伤，却触手可及的乡愁。

壹 我的名字就是沧海桑田 P1

大贤庄遗址里升起繁衍生息的烟火／P7
国内唯一鲧的纪念地在最高峰羽山／P9
策马奔腾的喧嚣从马陵古道上传来／P11
曲阳城的传说仍在田间地头里生长／P13
尹湾汉墓里藏着许多汉代的秘密事／P15
断壁残垣下存有罗庄城的如梭岁月／P17
张骞把第一颗石榴树种在了博望村／P19
城后土城要从一个有趣的传说开始／P21
磨山的每一块岩石都写满壮烈历史／P23
安峰山烈士陵园永远铭记那片红色／P24
西朱范村是那段革命岁月的见证者／P25
车站村用岁月静好的如今诉说往昔／P27

贰 关于东海的私密告白 P29

在东海，这句口头禅人人挂在嘴边／P31
所谓乡音，无非乡情／P35
从爷爷们小时候的娱乐说起／P45
四姐把心事藏在了『姐儿溜』里／P49
杨门女将用跑马灯集体狂欢／P51
琴书是东海人生活的一部分／P53
张果老靠渔鼓位列八仙之一／P55
黄蓉是打连厢的正宗代言人／P57

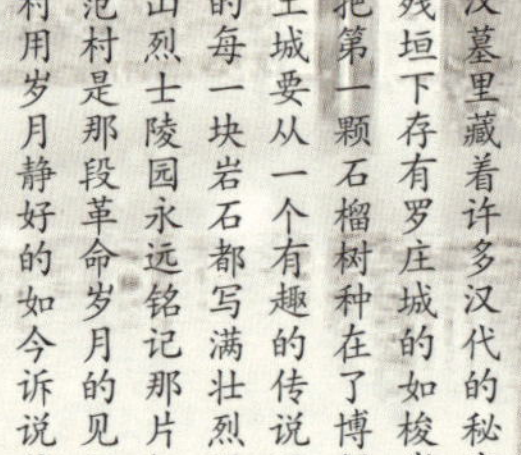

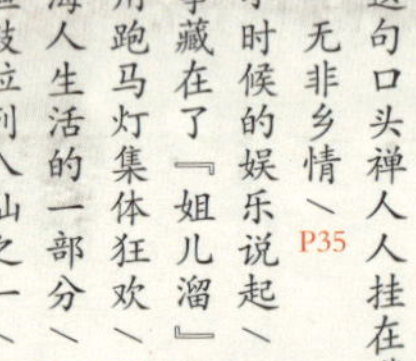

叁 新龙宫传奇 P83

东海的地里长水晶／P85
龙王用这水晶修了座宫殿／P87
水晶小镇是西双湖畔最闪亮的晶灵／P89
水晶博物馆有她一亿岁的青春容颜／P91
有人售卖的不是水晶而是情怀／P95
有人用时光打磨出惊艳的技艺／P99
去赶一场不一样的水晶大集／P101

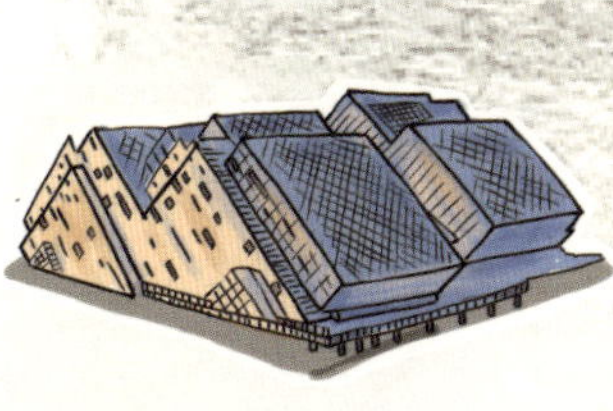

肆 这池汤，从唐朝泡起 P105

泡汤是一种天人合一的生活方式／P107
在这，泡温泉是和吃饭一样平常的事／P109
温泉有位女神，名字叫汤姑／P111
吃了这颗温泉蛋你就是仙女／P115
这里有走奢华风的星级酒店／P117
也有走文艺范的园林式酒店／P121
还有露天汤池你可以放肆『嗨』／P123

P127
伍
新城市表情

西双湖是东海风情万种的眼睛／P129
国家级湿地公园里白鹭在飞翔／P139
南堤是对为民造福者的深深敬意／P143
在百合园里只想当一个『花痴』／P145
东海人民一直凝望朱自清的背影／P147
彦涵让东海版画被全国认可／P149
少儿版画中心里都是未来的大师／P151
朱汉云、曹明凤取得了骄人的成绩／P153
徐则臣用文字建构了自己的王国／P155

P159
陆
在希望的田野上

农业合作示范区的种菜是点点手指／P161
双店百合花里藏着花房的秘密／P163
黄川草莓总是和爱情联系在一起／P167
东海西红柿现在有了七彩的样子／P169
石梁河葡萄生长在黄金纬度上／P171
东海大米让人一顿饭就多吃了三五碗／P173
十里观光采摘长廊里啥水果都有／P177
蓝莓采摘园基本都不用绕路去看／P180
在东海不吃花生还算什么喝酒／P181
青松岭森林公园全是新鲜玩意儿／P183
御园欢乐谷里可以滑草开卡丁车／P187

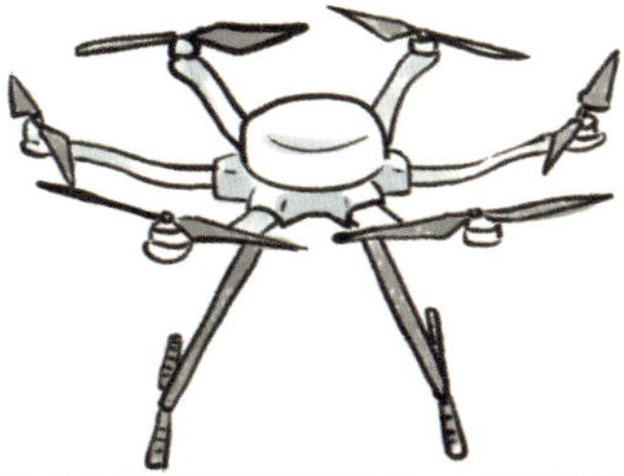

P189 柒 是胃，指引回家的方向

东海老公鸡咋就越吃越上头／P191
吃东海老淮猪大家都很快乐／P193
麦香气的手工煎饼什么都能卷／P197
桃林烧鸡是最具有江湖气的／P199
盐豆炒鸡蛋灵魂在于桃林酱豆／P203
白塔埠人极其擅长加工肘子／P205
烤牌在东海大街小巷都有得卖／P207
如果不爱吃辣，羊汤是最好选择／P209
双店猪蹄才是真正的『大猪蹄子』／P211
桃林酒取用泉水酿造美味无双／P213
时令的香椿拌豆腐一定尝尝鲜／P214
一米长的大鱼吃的就是原生态／P215
女生的两个胃都来装甜品了／P217
一城花开归属文艺的青年／P219
没有利民路的夜宵最难将息／P221

P223 捌 解码东海黑科技

东海是个家里有水晶矿的富N代／P225
亚洲第一井用来探测地球的内心／P226
腾翔航空是无人机研发的引领者／P227
博世（东海）为汽车费尽了心思／P229
东海诞生了诸多硅产业前沿企业／P235
食品加工生产保护着舌尖的味道／P239

壹 我的名字就是沧海桑田

一树花开，
一点雨落，
田园便成了诗。
一道炊烟，
一抹夕阳，
眼前的光景，
便已恍惚千年。

这里的故事，得从海说起

如果你来过东海，一定会有这样的疑惑：东海不靠海？东海紧邻的不是东海，而是黄海。

事实上，直到300年前，它在地理上还不是这样的。直到60年前，它在行政区划上也不是这样的。

它的存在，是大自然沧桑巨变的写照，是历史发展沿革的结果，它的名字就是沧海桑田。

公元1074年中秋节，海上生明月，海州城边的石棚山上，苏东坡跟三五友人把酒望月，感怀对诗。他曾经先后两次来到海州。他眼里的海州城，边上就是广阔海域，一片汪洋。他说：“郁郁苍梧海上山，蓬莱方丈有无间。”他看到的云台山（苍梧山），矗立在茫茫大海中，远望如同仙境般若有若无。他说：“我昔登朐山，出日观沧凉。欲济东海县，恨无石桥梁。”那个时候，站在孔望山(朐山)上看去，东海县如同一座岛屿，需要乘船摆渡去那儿。

在苏东坡到此之前许许多多年里，这里的大片土地始终被海水覆盖着。远古的时候，这里洪水滔天。《史记》说，舜帝命鲧治水，九年却没有效果，一怒之下将鲧诛杀在羽山。东海先民认为他是第一个抗洪斗士，在羽山建了鲧王庙以作纪念，常年香火不断。如今羽山还留有殛鲧泉等多处遗迹。春秋时期，孔子三次登临朐山观海，此山因此改名孔望山。到明代，吴承恩来云台山构思创作《西游记》，第一次塑造出美丽虚幻的“东海水晶宫”。清朝时期，由于黄河夺淮入海，以及沂河、沭河入海泥沙的堆积，沿海陆地慢慢扩展，到康熙五十年（1711 年），有确切的记载称，海水东退，云台山终于和大陆衔接。事实上，无论是传说中的羽山殛鲧，还是小说里的孙悟空大闹龙宫，都是当地先民探海、斗海、赶海、敬海的生存写照。**海的因素，已经深深烙进了东海人的基因**。

也正因此，它的地名虽屡经变更，但始终立足于靠海临海这个地理方位。商周时代，这里云台山等还是漂浮在海上的岛屿，叫郁洲岛，此地因此叫郁洲。秦统一中国后设置郡县，这里多次改名，最终叫东海郡。当时中国沿海分为渤海、东海、南海。南北朝时期立东海县，属东海郡，这是在东海境域内首次设县。唐代东海郡改称海州。直到民国元年（1912 年），海州再次改名。因东濒大海，沿用古东海县名。县治设在今海州城。1941 年，东海县以陇海线为界分成南北两部分，南部仍为东海县，北部新设海陵县，都归山东省临沂专区。1945 年海陵县更名东海县。到 1949 年路南东海县撤销前，曾有过短暂的两个东海县并存的情况。20 世纪 50 年代，东海县由临沂专区划归江苏省徐州专区，县治由海州搬到现在的牛山镇，几经区划调整的东海县与海不再相连。20 世纪 80 年代，东海县由徐州地区划归连云港市管辖，由此形成今天的区划格局。

境内发掘的大贤庄文化遗址显示，距今 1 万多年前，人们就在这块古老的土地上繁衍生息。海陆变迁、岁月流转，这些传说和故事铺就了东海深厚的历史文化积淀，而这种深厚积淀，也成为当代东海快速发展的扎实底蕴。

东海在这里
京沪高铁
枣庄市
S38
S69
G3
邳州市
陇海铁路
徐州东
G30
G30
萧县
G30
G3
徐宿淮盐铁路
京沪高铁
徐州观音
国际机场
G3
在建

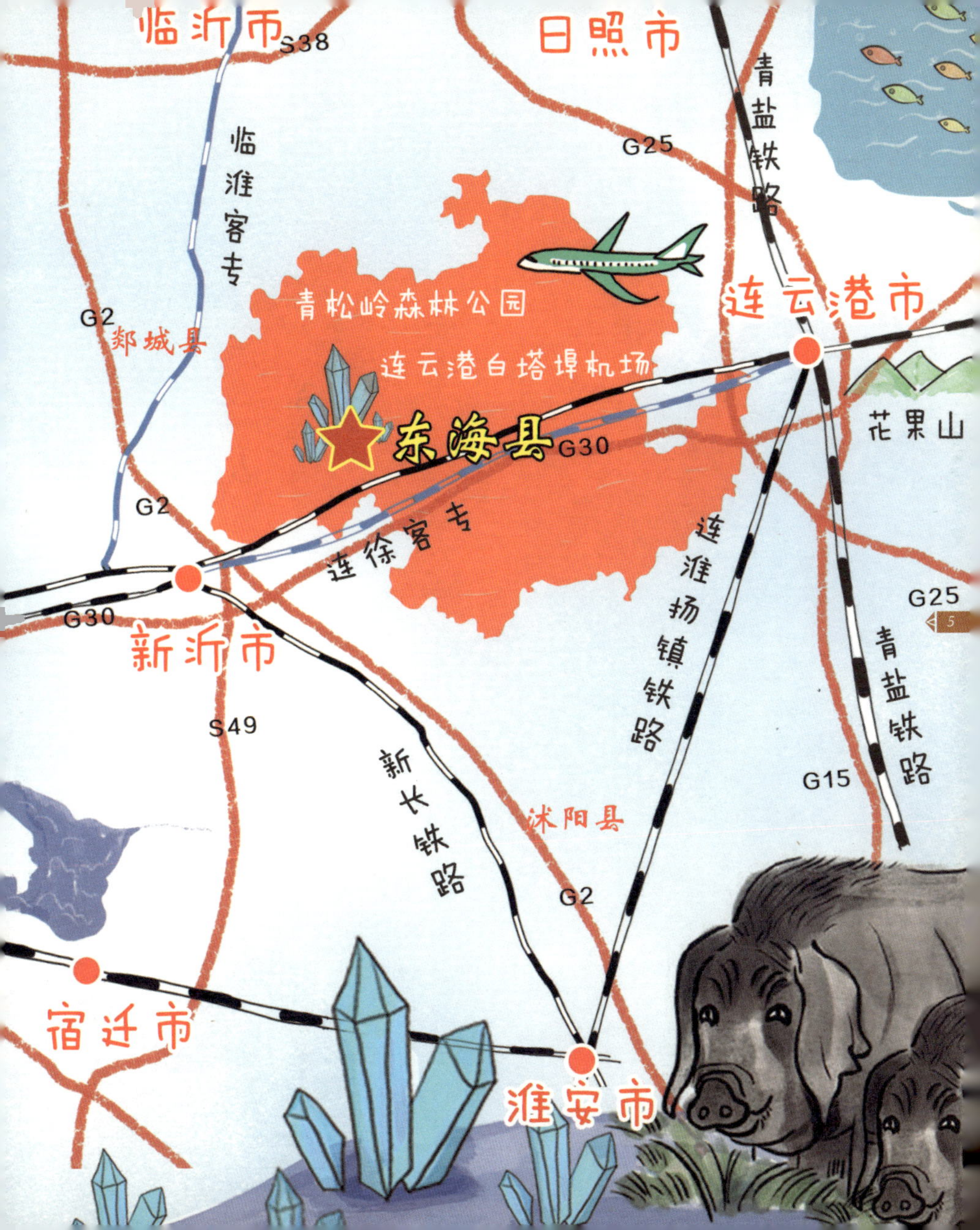
临沂市
S38
日照市
青盐铁路
G25
临淮客专
G2
郯城县
青松岭森林公园
连云港白塔埠机场
连云港市
东海县
G30
花果山
G2
连徐客专
连淮扬镇铁路
G25
G30
新沂市
青盐铁路
S49
新长铁路
G15
沭阳县
G2
宿迁市
淮安市

那些石头，
敲打出了先祖的童年

一条郯庐断裂带，半部东亚演化史。

7000 万年前的那场剧烈地质变动，让绵延近百公里的马陵山隆起、延伸。山不雄伟，也不绵长，但却是人类最早栖息繁衍地之一，这里有先民进化的童年身影。

现在，这里除了一块静立的石碑，其他都被掩盖在风吹雨打的历史深处。山脚一条小河蜿蜒在茂密的树林中，边上山坡平整开阔，山顶也已在岁月的侵蚀下变成一处平台，红褐色的山石因雨水冲刷裸露深深浅浅的沟壑。这是位于马陵山中段的一处遗存，方位在山左口乡大贤庄西南。

1 万多年前的这里应该不是这样的面貌。那个时候，这里气候温润，雨水充沛，山上森林繁茂，山下草木丰茸。一个部落族群在这里繁衍生息，披着树皮的他们在山上狩猎，在山下采集，虫鸣鸟叫与野兽的嘶吼相应和，石头的敲击声、人们围猎呼喊的号子声在山谷里回响。石头与石头敲打出切割、刺缝的劳作工具，也敲打出星星点点的火花。时光流转里，他们完成了从茹毛饮血到刀耕火种的进化过程。**当炊烟从这里袅袅升起，文明的曙光也从这里闪现，我们的先民终于进入自己成长的童年。**

幸亏有这些经受住风化水蚀的石器，让我们在 1 万多年以后还能摹画

石核

旧石器时代晚期

刮削器

旧石器时代晚期

楔状石核

旧石器时代晚期

TIPS

大贤庄遗址为旧石器时代晚期文化遗址，位于东海县山左口乡前贤村西南的马陵山上，面积约 2 万平方米。石器制作方法上多采用锤击法、砸击法、碰砧法，石料有燧石、玉髓、玛瑙、水晶、石英、石英岩和脉石英等，均来自当地。

出先祖们筚路蓝缕的背影，感受到他们栉风沐雨的脉搏。

20 世纪 70 年代，当地村民在这里发现了形状奇特、明显带有加工痕迹的石块。随后，考古人员做了深入细致的考察，在 10 多年的陆续发掘中，先后出土了石砧、石锤、石球、尖状器、盘状器、刮削器、砍伐器、手斧等 2000 多件石制生产生活工具，它们反映了早期先民的生存状态。

这些石器，以及这处遗址，承载着人类进步的信息，是了解远古文明的特殊密码。

石核

旧石器时代晚期

国内唯一，鲧的纪念地

华夏先贤的祭祀，这几年很是兴盛。黄帝、炎帝陵争议少些，基本在宝鸡。尧帝故里抢的多了，河北、山西、江苏都有地方认领。舜帝故里在濮阳，活动搞得如火如荼。大禹陵在会稽，现在还有姒姓后人在那里守候。

有个人，似乎大家都不是很在意：鲧。

说起来，好歹是大禹的老子。但是大概是因为事情没办好被砍了脑袋吧，所以也没人提。

鲧，就是在东海羽山被杀的。

《史记·夏本纪》里对此有记载，说是尧让鲧来治水，然后他搞了半天搞不定，舜派人“殛鲧于羽山以死”。

所以，羽山有很多传说和鲧被杀有关。

首先是山上有个“鸡冠泉”。据说此

泉深不可测，可以通海。有传说说山东人挑着担子路过此山，喝水时为了测量泉深将扁担遗落水中，后来在海边找到了自己的扁担。这个“鸡冠泉”其实是“殛鲧泉”，只是“殛鲧”两个字实在太难认，老百姓以讹传讹就变成“鸡冠”。

其次，是山下的羽渊。羽渊也是个很古老的地名，按照《山海经》记载，羽山之下是有羽渊的，而且水很深。当然，水文地理多年变化，现在羽山脚下只有一个人工水库，早已没有了羽渊。不过，原来羽山脚下是有很多沼泽的。传说中，这些沼泽会流出红色的水，那就是鲧被杀之后，流出的血形成的。

其实吧，在当地和老人们聊聊就知道。红色的水应该是没有的，但是沼泽里有大蚂蟥是真的，估摸这传说中红色的血水，跟蚂蟥脱不开关系。《山海经》里提到的渊中多“蝮虫”，估计就是这个。

然后还有更神奇的传说，说鲧死了化作一只三只脚的鳖，有个名字叫黄nǎi（“能”字下面三点），就生活在这个羽渊之中。这个大概就是《神奇动物在哪里》了，当地老人也没听说过三只脚的老鳖。

种种传说都只证明一件事：羽山是很古老的。当年山上应该有五彩羽毛的野鸡，所以得名。至少在远古三代的时候，这个羽山就存在了。而且从记录看，这里应该不是中原人聚居地，很大可能是属于东夷的地盘。

现在的羽山，依然是东海最高峰，横亘苏、鲁交界，属于东海境内无法忽视的高点。

TIPS

羽山是东海县的最高峰，东西长约3公里，南北宽1.5公里，东西两峰均高达100米左右。羽山前后的百姓有“羽山放扁，离家不远”的说法。

羽山有三座山头，是典型的“山”字型。岩石主要为花岗岩，土壤为砂砾棕壤。不要看羽山孤零零地、默默无闻地矗立在那里，可是她背倚齐鲁，襟怀吴楚，却是一座名垂青史的千古名山，是连云港市第一个见诸史书的地名。

没有下半身的人生依旧是传奇

往事越千年，马陵山还是那座山。

山月看见过我轮椅上指挥若定的自信，山风听见过万马奔腾的肃杀。那红褐色岩石纵横的沟壑里，不时被岁月冲刷出的断箭残刃，则见证着那场战役的腥风血雨和我的意气风发。

膑，这个字既是我的伤痛，也是我的传奇。所以后人叫我孙膑，我也就不再那么介意了。我是齐国人，出生年月、家庭住址就不透露了，但孙武是我祖先，这点需要强调一下。

可能是基因影响，我从小就表现出过人的智慧，与儿时好友庞涓一同拜在王禅老祖鬼谷先生门下，参学《六韬》《三略》排兵布阵。

学习的日子总是清苦的，好在有涓相伴，灯前月下，互相切磋，彼此是对方的影子。本以为我俩将是一生之挚友，铁杆的兄弟，而现实却让我尝到了被背叛的酸苦。

庞涓学满出师后，投靠魏王受到器重，他大破秦兵官拜将军后，来信邀我一同前往魏国建功立业。那时的我真心为他高兴，也对我们的未来满怀憧憬。

我压根没有想到庞涓会因为嫉妒我的能力盖过他，就对我痛下狠手。当双腿被废时，我心中还依然是问号。但他冷酷的眼神把我最后的希望掐灭在冰冷的牢房里。

残忍的膑刑和最彻底的背叛差一点

就摧毁了我，我只得终日与猪为伴，装疯卖傻，历经曲折才逃回齐国。

世界上什么最金贵？人才啊！这句话放在公元前也没毛病。

是金子总会发光，哪怕身有残疾。我在齐王面前略展才华，被奉为军师，满脑子的文韬武略终于又“上线”了。而庞涓就显得弱“爆”了，被我一计“围魏救赵”耍得团团转。这是中国战争史上的第一次“围城打援，攻敌所必救”。

你说我恨他吧，我确实恨，但念在是同门师兄弟，桂陵之战我抓了他，又放了他。但他本性难移，到了 13 年后的马陵之战，我们再次狭路相逢。

马陵山起伏崎岖的地形再一次成就了我。还是原来的“配方”，还是同样的味道，又是一次“围魏救赵”引敌深入，不过这次我加了点“佐料”，行军沿途通过减少土灶的方式向庞涓放出齐军怯战的信息。这位师兄果然没让我失望，抛弃大部队独率骑兵要来抢我的人头。在这马陵之地，等待他的是万箭齐发。据说他临死时说了一句：孙膑一战成名了！

江山代有才人出。我不在江湖久矣，但江湖一直有我的传说。可是流传了千年的故事总有添油加醋的成分。马陵之战到底在哪？庞涓就真的这么蠢吗？要不是 1972 年出土的《孙膑兵法》，到底有没有我这个人都众说纷纭，毕竟在司马迁的记载里也是一笔糊涂账。

所以呢，还是那句话，是金子总会发光。时间都会证明的。

TIPS

马陵之战让**马陵山**出了名，这座横跨两省的丘陵如今成为了著名自然人文景观区，江苏的东海、新沂，山东的郯城县，都有马陵古战场的遗存。站在东海县桃林镇境内的马陵古道上，依稀能看出因为郯庐断裂带形成的沟壑。谁也说不清哪里才是古战场的确切地点，谁也不敢说哪棵就是见证庞涓生命终焉的无皮树。千年之前的金戈铁马早已化为尘土，只剩下孤独的碑石向来往之人述说着历史。

城不在了，那些传说还生长在田间

残阳如血，蔓草离离，古城赫然。

或许看过了无数个古城的人，也是想不到这个古城的样子的。因为这里没有建筑，只有遗址。是的，只有遗址。城墙也不是砖砌，是夯土。不小心误入这座城，你可能很难想象这里是什么地方；你会疑惑，为什么这块方方正正的地，荒废得这样恣肆。

曲阳，一座古城在田间。

考古证实，这座城是汉代曲阳的县治所在。

曲阳，不起眼的小城一座，但是在道教历史上意义深远。读《三国志》的人都知道有个神秘兮兮的道士于吉。这人是太平道的早期传教人员，在某种意义上，黄巾起义的领袖张角应该还是他的后辈。因为张角所读的《太平青领书》，据说就是于吉传下的。

这本书是于吉从泉水上得到的，据说是“白素朱界”，十分神奇。那个泉水，就是在曲阳。如果抛开怪力乱神的东西，我们不难得出一个结论，在泉水边悟道，曲阳是于吉写出《太平青领书》的地方，也是他发家的地方。太平道被视为道教的雏形之一，因此我们完全可以这样说，曲阳古城，实在是道教发源地之一。

古城历千年已破败，但是很神奇

TIPS

曲阳古城遗址 位于东海县曲阳乡，始建于西汉时代，距今两千余年。残存城墙现今高宽均约5米多，城的轮廓清晰，整体呈钥匙形。这里至今还不断出土一些陶器、铜印、箭镞等汉代遗物。

的是，夯土城墙保存了下来。当地农民说，这个夯土墙十分坚硬，钻都钻不动。这大概包藏当年筑城的特别秘方了吧。历史上对此有一点记载，这些土首先都要筛过且蒸熟，然后混合黏土类的东西，再以大力夯实。曲阳一带，历史上也是降水丰沛的地方，水患也是频繁，夯土墙能保存到现在，也可以看出当年的工艺高超。

站在高点，可以看出城的大概模样。四方的城，有城门的痕迹。城外的壕沟虽然长满了草，但是依然可以分辨出护城河的模样。在城东南角，缺了一块。据说古城本来就是如此，那个缺口处是一座庙宇。

当地老百姓说，先有古城还是先有庙宇现在已无法考证了。可以怀疑，这个庙宇肯定和于吉有着很大的联系。建筑早已不在，只有几块大石条在草丛中横七竖八，这是庙宇唯一的遗物。

曲阳古城遗址出土『军假司马』印章

他把许多汉代秘密藏到现在

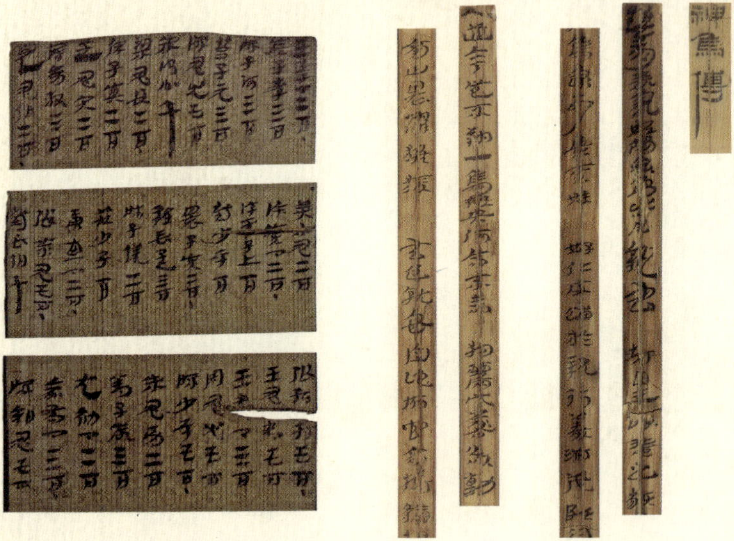

连云港市博物馆提供

两千年前，他只是一个小小的地方人事官吏，直到下葬那一天，始终寂寂无名，在任何史册中都没有留下名字。

两千年后，他的名字却成了一个热词，被很多史学专家反复提起。他的墓葬被打开，很多他所处年代的历史谜团随之被解开。

温泉镇往西南两公里，沿一条田间小路颠簸前行，一块“全国文物保护单位”的石碑显示，这里就是他沉睡了两千年的身后居所。墓地被大片的庄稼地环绕，放眼望去，四周农田低平，北边一条溪流蜿蜒在绿树丛中。这块明显凸起的高地，葬着他和他的族人。杂草覆盖的墓地里，时不时可见深深浅浅的探洞，陪同向导说，有些是盗墓贼以前打的，有些是考古人员最近打的。如今，田边搭建的一间屋子里，一个当地老人在这里日夜看护着。

此前许许多多年间，这里只是一块高得有些突兀的田地，没有人知道地下埋着什么。一些秘密在无意间被揭开。1993 年 2 月，他被惊醒。周边村民过年的鞭炮声他早已习以为常，他被用鞭炮声做掩护，却比鞭炮声响得多的放炮声惊醒。那是盗墓贼干的。当地文物部门随即实施抢救性发掘。他的随葬品基本都完整出土，他的名字得以重见天日。

再把时间拉回他过世的那一年。因为他的职业，以及相应陪葬品保存完整，这个时间可以确定：东海郡功曹师饶卒于汉成帝元延三年，也就是公元前 10 年。这是西汉末年的一天，白色的幡帐在风中飘摇，披麻戴孝的送葬人群慢慢汇集到墓穴旁。随着葬仪的司礼高声清点随葬品，生前一直伴随他的公文木牍、私人竹简，被丝巾包裹成若干捆，逐一放入椁室内。随后，安放他遗体的棺木也缓缓沉下，封土填平。他一直沉睡到被惊醒。

是陪葬的这些跟职业有关的简牍，让我们知道了他的名字，以及很多不曾知道的汉代历史。他生前的职务是功曹史，东海郡负责官员考察、干部升迁的一个中层官职。死后，他把平时工作中涉及的文书，如《东海郡吏员簿》《东海郡属吏设置簿》等统统带在身边。两千年后，这些林林总总近 4 万字的简牍，奇迹般完好出土，在考古界引起轰动，在学术界掀起一股研究热潮。它详细记录了当时东海郡机构组成、官职设置以及职责运作等，是我国迄今发现最早、最完整的郡级行政文书档案。一定程度上，它补充、订正，甚至改写了以往汉代历史典籍中的相关史实。

而随葬的那些私人文书，则详细记录了他的工作生活日常。譬如某日，他带病来到下属县里，考察干部业绩；譬如某年春，他出差入住彭城的驿舍，而约好一聚的某友爽约；譬如他借给同族师某八万钱；等等。竹简上的这些记载，还原了他在地方官场迎来送往的人际关系网络，也成为后人了解西汉基层行政制度的官场笔记。

在这些两千年前的琐碎叙事里，那个叫师饶的小吏鲜活地站在了今天的人们面前。

TIPS

尹湾汉墓位于东海县温泉镇尹湾村西南约 2 千米的高岭上，为家族墓葬群，面积约 2500 平方米。目前共发掘汉墓 6 座，出土了大量铜、铁、陶、骨角、漆木、玉、琉璃器和纺织品。其中在 6 号墓即师饶夫妇合葬墓中出土木牍 23 枚、竹简 133 枚。这些简牍主要记载了西汉末年东海郡、县、乡、里的行政建置、吏员设置、户籍、赋役、人口、垦田、武库和经济赋税等方面情况，是研究汉朝政治、经济、军事和文化的原始材料，具有重要的史料价值。其书体有章草、隶书两种。

握住她的手，等了两千年

刚刚收过麦子的田地裸露出大片的黄土，只有一角高高隆起的土丘杂草茂密，格外突出。一块石碑静卧在草丛中。这是罗庄古城西侧残存的一段夯土城墙。干黄的枯草与嫩绿的鲜草共生，摇曳在夏日午后的阳光里，让人眼睛发花，神思也随之恍惚。

这座古城留下的遗迹很少，资料里也很难找寻到它的历史信息。

2013 年底，文管人员在这里巡查时，偶然从田里捡起一块瓦片，擦去泥土发现，瓦片上竟然印着一排清晰的指印——手掌印纤小，手指印修长。随行的女考古队员把左手盖上去，大小吻合。

这手印，应该是当时工匠在塑泥成坯之后，进窑烧制之前，印上去的。这块瓦片，直观而明确地透露出了当时泥瓦匠人的制瓦工艺环节，以及年代特征。

幸亏有你的手印，能让今天的我们对那段过往有所认知，有所寄托。

故事因久远而模糊了时间印记，我们只能由田里翻出的陶片残瓦，判断你生活在汉代；所有的细节都已经随着夯土的城墙风化，我们只能由你留在瓦片上的纤长指印，推断你是一位辛勤劳作的女性。

姓名和年龄，容貌和身份，这些都已经无法复原。一位女性，为什么会去做泥瓦工匠？你的指印，为什么会留在这块瓦上？当时这座古城的生活状态是什么样的呢？后人只能从汉代史料的细枝末节里去合理想象你的一切。那时边关未稳，同西域匈奴战事频仍，根据帝国律令，青壮年男丁必须应征服役。剩下的老弱妇孺被迫承担起家中全部事务。为了守护家园，你跟其他年轻妇女一道，加入筑城围墙的工匠队伍。或许是劳作之余消遣好玩的有意为之，或许是过于劳累体力不支的无意之举，你把手掌按在了这块尚未风干的瓦片上。入窑烧制后，你的手印从此定格，从牢固城堡到断壁残垣，从深埋地下到风吹雨淋，两千年过去了，这印记依旧固执地留存着，清晰如昨。直到这一天，**一只手掌轻轻盖住你的手，像是一场早就定好的约会**。

今天，这座古城，以及当年生活在古城里的人和事，早已烟消云散，只有残剩一角的城墙供后人凭吊。有人说，当年的古城形制宏伟，经济富庶，人口稠密；有人说，这座古城其实是汉代屯兵戍守的卫城；有人说，西边约 3 公里远的尹湾汉墓，应该就是住在古城的族人墓地，而你，说不定至今还沉睡在那里。

那些像你这样默默无声的芸芸众生，总是很难在历史里觅到位置，但任何一段历史都离不开你们的堆砌、筑造。而简略残缺的记录，因此总会留下许多惹人遐思的空间。这块汉瓦，无意间让我们握住了你的手，触摸到你两千年前的体温。

TIPS

罗庄城遗址位于东海县温泉镇的罗庄村，当地人称之为“后老城”，2011 年被列为江苏省文物保护单位。遗址呈方形，东西南北长均为 400 多米，面积约 18 万平方米。目前，遗址东、南、北三面城垣基本消失，但东北、东南、西南三隅明显高起，疑是与城垣相连之高台或角楼。近年来，遗址区地表散布大量绳纹灰陶残片，初步判断成器时间应为汉代。罗庄城遗址为研究春秋至汉代建筑及其工艺提供了重要的实物资料。

这村这镇都跟张骞有关

公元前 138 年，一个年轻人从长安出发，他此行的目的是要穿过匈奴防区去联合另一个游牧民族大月氏，来共同抵抗匈奴。一行人穿越河西走廊时被俘获。兜兜转转 13 年，他终于趁乱逃脱匈奴控制，回到了长安。这个人叫张骞，后来随卫青出征，因为情报工作得力立下战功，朝廷就把东海郡东安县的博望作为他的封地，封他为博望侯。

张骞两次出使西域，当时走过的路后来成为了丝绸之路。他还把萝卜、葡萄、石榴等新品种带到了中原，并亲自试种。在封地，他在东安的南边，栽下了第一棵石榴树。后来以示纪念，这里一直有西石榴树村、东石榴树村，石榴乡、石榴镇、石榴街道的名称也沿用至今。

张骞和他的后人还在封地建了城堡，大量种植葡萄、石榴，博望城以瓜果闻名远近。后来……后来年湮日久，马陵山山洪暴发，把石榴园冲毁，博望城开始衰落。当地官员下令将博望城东迁。一声令下，4 万兵卒排成“一”字，你传我接，把一座城池的砖头，一夜之间全部搬走，建成了海州城。故民间一直有“先有博望后有海州”之说。后来海州城的西门上方还一直刻着“博望”两个大字，直到 1957 年拆城时才被毁掉。

TIPS

时光流逝，将历史古老的痕迹都冲刷洗净。如今，东海县石榴街道还有一个叫作博望村的地方，依稀能从老人们零星的回忆中拼出些许博望古城的片段，喜欢历史考古的同学不妨去走走看看。

乡间"土豪版"烽火戏诸侯

东海白塔埠有很多古城遗址，据说当年乡间有三个，呈三角形分布，后来其中一个了无踪影，只剩南北两个了。

这里为什么有这么多古城呢？乡间地头，询问了当地老乡，在浓重的东海口音中，我们听到了一个非常有趣的故事。

这个故事据说发生在东周列国时期——一位老爷子相当肯定地重复了一次"列国"，当时在白塔埠一带有一位大臣，听上去这位大臣有点像是诸侯家的大夫。这位大臣有两个儿子，还续弦了一位夫人。大概是得罪了国君吧，这位大臣很担心死后被人报复。所以在临死时，他拉着夫人和儿子们的手，关照他们一定要互相扶持。

然后，这位老兄"挂"了。

儿子们当然要分家，但是老爹的遗嘱也不能丢掉。所以他们修了三个城堡，当地人称之为"母子城"。后妈住在较大的母城里，俩儿子各住子城，说好了三个人互相守望，一旦谁被人侵袭，就举火为号，请求援助。

后妈到底还是有点心虚的，所以成天琢磨：万一儿子们不来这可咋整？所以，一天她终于决定了，要试试看灵不灵。

后面的故事我就不说了，你们可以猜到。

“狼来了”叫多了，最后被狼吃了。三个城堡也因此被一一击破，从此荒废。

考古人员对这些土城考察的结论是建于汉代。东周到汉代，其实也没多久，所以文中的故事很可能是真的。

这大概可以看作乡间“土豪版”的烽火戏诸侯。

不过当地老农提供了一个有趣的结局，说是城被击破了，这位后妈是从地道里跑掉的。现在在附近的田里还能找到地道的口，据说很深远。这话说得有鼻子有眼，连地道在谁家的田里都清清楚楚，但是想去看看，却是怎么也找不到的。

城后土城出土：四系罐

TIPS

城后土城遗址在白塔埠城后村，占地几十亩。城墙保存完好，全部是土堆积起来的，至今还有三四米高，宽也有米把，可见当时的规模。

红色基因，植根每一寸土地

东海是革命老区，
红色的基因是植根在血脉里的，
是遍布每一寸土地的。

磨山，每一块岩石都写满壮烈的故事

在东海县与山东临沭交界处，有一座山，山不高，却有着壮烈的故事，那就是磨山。

1942 年夏，一批奔赴延安的学员在磨山附近遭遇日伪军袭击，大部不幸遇难。11 月，日寇沦陷区的这片土地发出愤怒的吼叫。我八路军某部、地方武装海陵县大队等抗日军民在磨山一带发起反蚕食战役，毙伤敌军 200 余人，俘虏 600 多人，一举恢复多个根据地。3 年后，海陵县抗日人民政府为纪念此次战役中牺牲的 150 多名烈士，在山顶修建了纪念塔。2008 年以来，当地政府先后举办“请烈士回家”等活动，将散落埋葬在各地的烈士遗骨集中安葬于磨山陵园。如今，经过整修的磨山烈士纪念园庄严肃穆，正大门内两侧，400 多位烈士的墓碑前松柏掩映，山顶磨山“抗日烈士纪念塔”巍峨高耸。每年都有络绎不绝的各界人士前来祭扫凭吊。

磨山，是一座英雄山，也是一座见证东海人民浴血抗争的历史丰碑。

TIPS

磨山位于东海县石梁河镇，地处苏、鲁交界。海拔 158 米，地处沂蒙山脉最末端，故称“末山”。后因其山石坚硬，当地百姓取石做磨，改称“磨山”。磨山上现保存有 2 处市级文物，一处是清代摩崖石刻“大清山规”，一处是磨山“抗日烈士纪念塔”。

安峰山，永远铭记那片红

最鲜艳的红色来自安峰山革命烈士陵园。

这里是“安峰山事件”的发生地，是一个悲伤的地方。

1947 年 2 月 20 日，我军北撤干部队伍 1800 多人，在返回苏北坚持地方斗争途中，到达安峰山休息时，遭到国民党军队包围，损失惨重，牺牲干部、战士 500 余人，被俘 800 余人，失踪 100 余人，突围 300 余人。

这就是历史上震惊全国的“安峰山事件”。

中共华中局和淮海区党委曾经指出：“安峰山事件”是继“皖南事变”后，我方又一次遭敌围剿损失惨重的事件。

如今的安峰山早已不是原来的样子，在原址上，东海人民修筑了一座烈士陵园。“安峰山事件”中牺牲的人们，在这里长眠。通过陵园的纪念馆，我们可以看到每一个在这次悲伤的事件中牺牲的战士的名字。

除了这些名字，在这个纪念馆里，你还能找到东海历史上所有烈士的名字。每一位牺牲的东海烈士，都在这个纪念馆里不朽。

东海的红色，就在这安峰山上静静地绽放。

TIPS

安峰山烈士陵园位于东海县城西南约 16 公里处，于 1994 年 2 月动工兴建，1998 年基本完成，同年 4 月对外开放。陵园中主要包括安峰山阻击战烈士纪念塔、东海县革命烈士纪念馆、安峰山阻击战烈士纪念碑、“突围”雕像、慰烈工程等。

西朱范，小村见证大历史

这个小村位于临沭、东海和赣榆三县（区）交界处，是江苏省嵌在山东境内的一块“飞地”。当地老百姓称这里“举步跨两省，鸡叫听三县”。也正因为独特的地理位置，它在抗战时期是中共山东分局和八路军115师师部的驻地，刘少奇在这里驻留近4个月。

1942年初春，一群穿着蓝灰大褂、腰里挎着盒子枪的人悄悄进入西朱范村。为首男子40岁开外，脸膛瘦长，开口带着浓重的湖南腔。他是刘少奇，来到这里指导山东抗日根据地的工作。刘少奇住在当时已经破落的王家大院里。他住正厅靠右边的一间房里，用两块门板做床，用包袱里换洗的衣服当枕头。正厅做会客厅和饭厅用。左边的房间由警卫员居住。那段时间，他十分繁忙，白天走村入户、参加会议，夜里个别谈话、写材料，在借来的老槐木书桌前、暗淡的油灯下，经常熬到二三更天。

在西朱范村近4个月的日子里，刘少奇对这一地区的具体工作做了详细的指示，揭开了这里抗日斗争崭新的一页。

如今，陪伴刘少奇夜以继日工作的槐木桌还在村委会摆放着。记录那段历史的村史馆，也已在筹划中。

TIPS

西朱范村隶属东海县石梁河镇，因位于朱范河以西而得名。历史上，该村以镇守一方的清军将领王得胜为代表，王氏家族出了不少名人。如今，王家大院的旧址上，几块御赐的功德石碑都还在。115师师部旧址、刘少奇曾使用过的旧物，见证了那段革命岁月。

这一站，阿湖！

一个夏日的午后，我穿过车站村岁月斑驳的老街，走过静默多年的地下防空洞，站在列车呼啸而过的“阿湖镇”站牌前，试图找寻这里遗存下来的百年前的历史记忆。

东海人对东陇海线上的阿湖车站，有着一种特殊的情感。这里凝聚着东海洪庄这片大地百年沧桑的时代变迁，也是苏鲁地区、东陇海沿线革命战争年代一路风雨的历史见证。

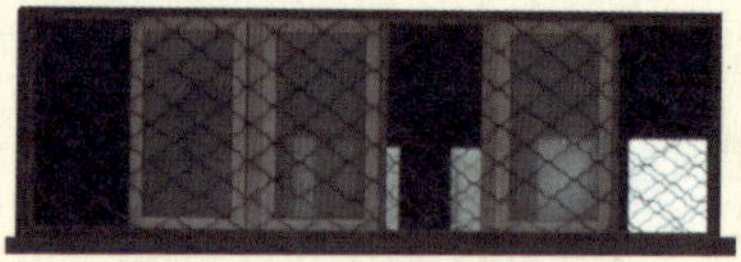

1925 年东陇海铁路通车，作为苏鲁商贾云集之地，这里的车站每日承载起迎来送往的重任。站旁的老街上便开设了旅社、邮局、客栈等数十家店铺，成为来自全国各地的人员和物资的运转集散地。老街不长，不算宽，但当时的地位不可取代，从粮食到煤炭，重要物资都要经此地运转。每逢“五”和“十”的集市贸易日，十里八乡的村民都赶来老街，听人声的喧哗，看买卖的繁盛。

如今，这里的一砖一瓦依旧保留着旧时的模

样，只是再也没有了当年的喧闹。**“阿湖站”往来穿梭的列车用长鸣声向岁月致敬，但并不会停下匆忙的脚步**。老街上依旧热闹的只有那几只一路跟着我的田园犬和在栅栏里不停扑腾的鹅群。

有人说，这里是一个东海近现代社会发展的不完全“档案馆”；我说，这里还有着东海人生活最原始的模样。几缕屋顶上袅袅升起的炊烟，几件屋檐下随风飘起的衣衫，还有几位坐在门口、满脸皱纹、认真对着我笑的老人，它们、他们和她们，已经把点滴融入了这里，默默守着生命的交替延续。

TIPS

一个车站，一条老街，这是车站村的历史，更是东海的历史。虽然车站村如今早已从铁路南沿线的古老小村落位置整体搬迁到铁路北的新地方，成为了“新农村”的典范，但你一定要再去老街上走走，看看老人们记忆里最繁华的地方。老街上如今居住的人口并不多，老街完全保留了当年的模样。穿过老街就可以走到阿湖火车站，作为货运线上的节点，车站还在发挥着重要的枢纽作用。

贰

关于东海的私密告白

一片片落英，含蓄着人间的情味；
一句句泛黄的歌词，唱了一辈子。
最牵肠挂肚的，只是爷爷的一句家乡话。

在东海，这句口头禅人人挂在嘴边。

如果是早晨碰到有人问你：恁吃了蛮？这是标配。如果是中午遇见有人问你：车果没？这很正常。如果是傍晚有人问你：恁吃过没？这也不奇怪。可是如果是上午或者晚上九十点钟碰到有人还问你：吃了吗？这就有些奇怪了吧。对方问的是早饭？午饭？晚饭？还是夜宵呢？你该怎么回呢？

其实在东海，那都不叫个事儿。人们一般都客气地回答：吃过了。有时还会客气地回问一句：恁吃没？对方再答：吃过了。然后分手，各回各家，该干吗干吗。就跟见面互致问候“你好！你好！”一个意思。所以，这只是句问候语而已，而且是比较客气的问候语。

所以，如果你来东海，遇到有人远远问你：吃过没？别瞎激动，人家只是跟你打个招呼，并没有请你撮一顿的意思。

吃，最能体现一个地方人的性格脾气，也最能代表一个地方的风俗传统和文化特征。在东海，这句随处可闻的简单问候语，同样也是这里地域文化的一种表现。以前物质匮乏，解决温饱是人们的首要目标，所谓民以食为天，吃是头等大事。所以用吃来问候别人，一直延续至今。这句话既体现了对他人的客气和礼貌，也显示了这里人的纯朴和直爽。这种客气和纯朴，不但体现在东海话里，更融入东海人的日常行为。搁在以前，要是家里来了客人，大人就会把积攒在米缸里的、自家老母鸡下的蛋掏出来，把过年时打的半瓶老酒拿出来，甚至把院子里养了两三年的老公鸡抓过来，尽可能丰盛地整几个菜来招待。吃的时候，主人会不停地敬酒劝菜，嘴里不住说着“额扨吃额扨吃！”，手上则不住为客人倒酒夹菜。现在物质丰富了，而热情好客的传统依旧延续着。

这种用吃来打招呼，这种热情好客，地域影响是直接因素。东海北边和西边都紧邻山东，处在南北交会，齐鲁文化与江淮文化交融的位置，骨子里带着山东人的豪爽耿直，为人处世重信守诺，对待朋友侠肝义胆。以前在民间，这里的人都喜欢拜把子，一见情投意合的人就插草为香，结成

生死之交，有点梁山好汉的味道。谁谁谁有多少“把兄弟”，那是很有面子也很有气派的事。但这并不是男人的专利，女人们也这么做，一帮志趣相投的姐妹搞个仪式，结成异姓姐妹。但男女混搭结成“一把子”的很少。当然，这里也有农耕时代的文化因素，是弱小个体结成同盟寻求互帮互助的需要。现在，随着社会的开放和人际交往的多元化，这种现象已经慢慢消减了。但农耕时代沿袭下来的良好传统，还在东海人的血液里流淌着，譬如耕读传家，譬如崇文重教，譬如重孝守节，等等。

用吃来打招呼和拜把子只是东海人画像的两张脸谱。一般讲来，靠北边的地方，受齐鲁文化影响深些，人们性格相对豪放粗犷些；靠近南边的人，受江淮文化熏陶浓些，相对细腻温婉些。当然这些都是见仁见智的评判。如果你跟东海人打过交道，你肯定也有自己的看法。但总的来说，东海人普遍都很勤俭朴实、吃苦耐劳、直爽真诚，没那么多花花肠子和弯弯绕脑筋，很容易相处。

如果你想找个媳妇或者老公，不妨考虑考虑这地儿的人。

所谓乡音，无非乡情

7 岁的小明暑假来到东海姥姥家。一见面，隔壁邻居跟姥姥的一番对话让他如同来到了火星。

邻居：我滴乖来，这小巴木俊（zùn）的嘁！俺嫂恁（nén）可真福气呢！

姥姥：皮得很，恁看胳拜子咔得，全是泥（mī）。快喊（xiǎn）人，喊姥娘。

邻居：俺去摆两个洋柿子给小巴，将在（dǎi）园里择（zhēi）的。

姥姥：甭（bāi）弄了。将吃完晌饭呢。

邻居：巴拉巴拉巴拉……

姥姥：巴拉巴拉巴拉……

小明站在两人中间，大眼睛眨巴眨巴，一句也没听懂。可是他感觉很亲切，因为妈妈也说起了这些让他听不懂的话。

姥姥家在山左口，东海的西北部。从东海方言的片区分，属于中原官话的范围，接近相邻的山东口音。

一方水土养一方人。东海地处苏、鲁交界，风土人情上也有着南北交融的鲜明特点，文化上属于齐鲁文化到江淮文化的过渡地带。表现在语言上，虽然总的属于北方方言，但“十里不同音，百里不同俗”，县域内不同地方方言也差异明显。一般说来，西北片区更多中原官话的味道，当地把说这种方言的人叫“侉子”；东南片区带有更多江淮官话的色彩，当地把说这种方言的人叫“冒（māo）子”。

先翻译一下上面姥姥和邻居的“侉话”。

邻居：哎呀！这小娃好漂亮啊！嫂子你可真有福呢！

姥姥：可调皮了，你看膝盖摔得，全是泥巴！快叫人，叫姥姥。

邻居：我去洗两个番茄给小孩吃，刚从园子里摘回来。

姥姥：不用麻烦，刚吃完午饭呢。

首先，**“我滴乖来”，是东海话里最负盛名的语气词，是曝光率最高的东海话之一**。无具体意义，只是用它来表达惊讶，非常有画面感。“小巴”，小孩，婴儿到儿童均可，不分男女。“胳拜子”，膝盖的意思。“姥娘”，姥姥，当地凡跟亲姥姥同辈的女性，一律尊称“姥娘”。“洋柿子”，当地人对番茄即西红柿的叫法。这种从近代沿袭下来的叫法还有很多，譬如把自行车叫“洋车子”，把火柴叫“洋火”，把肥皂叫“洋碱”，等等。“晌饭”，就是午饭。

相对来说，西北片区的方言更接近普通话，易懂些。东南片区的方言保留了部分入声，前后鼻音上区分不明显，有些声母如 n 和 l、h 和 f 也容易混淆，而且发音短促，所以更难听懂。即使同属一县，许多话，冒子的说法跟侉子的区别很大。譬如外婆，冒子叫舅奶，而侉子叫姥娘；毛巾，冒子叫手巾，侉子叫手布子；土豆，冒子叫地蛋，侉子叫山芋；未婚男孩、女孩，冒子叫小大哥、小大姐，侉子叫小小子、小闺女；等等。有的时候，一个冒子说一口土话，几个侉子也只能大眼瞪小眼。

但是有个神奇的地方——如果是一个冒子和一个侉子在外地相遇，只要对方一开口，都会立即听出来：你是东海人！然后热烈交谈，甚至把酒言欢。这里的口音很特别，听不听得懂不重要，重要的是这份彼此共通的家乡感情。

总之，由于这里南北文化交融，语言跟周边地区比，相对自成一体，特色鲜明。

如果你在东海多待一段时间，学学当地方言，深入感受一下当地人的纯朴热情，也是一件很有意思的事情。

大话东海方言

本地方言用语 20 条：

1、有一种坏了叫海了。
2、有一种糟糕叫坑了。
3、有一种洗洗叫摆摆。
4、有一种西红柿叫洋柿子。
5、有一种忙碌叫捞不到。
6、有一种夹菜叫刀菜。
7、有一种是的叫嗯嘛呢。
8、有一种狭窄叫很窄（zhěi）。
9、有一种巴掌叫呼死你。
10、有一种扎人叫啦人。
11、有一种坑叫颗郎。
12、有一种青蛙叫外子。
13、有一种药叫约。
14、有一种下巴叫下不客着。
15、有一种怎么样叫么支。
16、有一种鼎力相助叫架势。
17、有一种院子叫家天着。
18、有一种爷爷叫老爹。
19、有一种硬币叫银格子。
20、有一种吓人叫呵人。

本地方言段子4组：

1、小揪着就学会砍空了，长到大了总归功。

【翻译】小孩子就学会撒谎了，长大怎么办。

2、你看前边那老满着的诶，腰都归主地了！

【翻译】你看前面的老太太，腰都弯了！

3、甲：叫你慢丁着的，克叠了包！壳头着克着了包？

乙：没，各棒走着破的了！

【翻译】甲：叫你慢点，摔着了吧！膝盖碰着了吧？

乙：没有，就是手臂摔破了！

4、甲：不要直住吃饭安！这么多小菜着，不就的安。刀菜吃啊！

乙：左别溜着，不大方便！

甲：不碍事年，来，先吃个洋柿子！

【翻译】甲：不要光吃饭啊！这么多菜，怎么不吃啊，夹菜啊！

乙：左撇子，不大方便！

甲：不要紧的，来，先吃个西红柿！

绝密☆启用前

得分

姓名

班级

考生答题不得超过此线

东海话四级水平测试题

东海话按区域划分，可分为东南片和西北片。正是地域和风土民情的差异，导致了方言的不同。千百年来所产生的方言歇后语和谚语，是语言的味精。作为东海人口头文学的一种形式，它们劝人为善，鞭挞愚昧，简练机趣，并伴随着生产和社会变革而传播，具有一定的地域性、哲理性和文学性。

各位看官，测测你们东海话的水平吧。满分100分，如果你能得80分以上，此番来东海已算是不虚此行；如果得分在90分以上，那么，恭喜你，你可以在朋友面前炫耀一下自己的东海话水平了。

第一部分 单选题（每题 3 分共 30 分）

1. 你去看看，有枣无枣揉一竿——其含义是：
   A. 打枣子　　B. 试一下　　C. 砍竹竿　　D. 掷标杆
2. 我给人纂了——含义是：
   A. 给人骗了　　B. 凑在一起　　C. 打起来了　　D. 帮人编书
3. 有些人就好胡诌天——胡诌天是指：
   A. 大晴天　　B. 瞎讲话　　C. 怨老天　　D. 看天气
4. 擎好——表示：
   A. 举起来　　B. 支起来　　C. 放心吧　　D. 好主意
5. 没等迭——表示：
   A. 来不及　　B. 没等到　　C. 随你吧　　D. 不等人
6. 他这个人经常甩大袖子——含义是：
   A. 衣服不合身　　B. 摆架子　　C. 光说不干　　D. 唱戏的动作
7. 她是个半掩门子——半掩门子是指：
   A. 门半开　　B. 坏女人　　C. 女人开门　　D. 不是双扇门
8. 逍停的——指：
   A. 逍遥自在　　B. 慢慢的　　C. 不搭理　　D. 停住了
9. 他这个人，跟人不一样，是个二性筒子——二性筒子是指：
   A. 两面三刀　　B. 两条辫子　　C. 火爆脾气　　D. 二种性格
10. 水晶节期间，青松岭来了许多识字班——识字班是指：
   A. 学习班　　B. 训练班　　C. 幼儿班　　D. 女青年

参考答案：1. B　2. A　3. B　4. C　5. A　6. C　7. B　8. B　9. C　10. D

第二部分 情景对话（每题 4 分共 20 分）

平明中学课堂场景

下午点名的时候教官说：呃！上午坐在拐角那个小揪子呢？哪个懂的？说一下。旁边站起来一个说：他下午嘚的厉害呢，就逮家歇歇了！教官说：不肖好歹嘛？也不关照一下子的汗，要是文家的活特七死，心都气干了！你还木说呢！借个小揪子真机灵，会来事！忙对教官说：教官哎，你没气不呢，哭了吧？我倒鼎水给你活活。

回答下列方言的含义：

1. 嘚的　2. 不肖好歹　3. 活特七死　4. 小揪子　5. 哭了吧？

参考答案：

1. 嘚的（咳嗽）　2. 不肖好歹（不知道道理）　3. 活特七死（狠狠打他一顿）

4. 小揪子（小女孩）　5. 哭了吧？（渴了吧？）

第三部分 阅读理解（50 分）

一早清子，羽山西头村的老王头起床来到当天子，抬头朝上一望，今天可是个好天。然后，他转身回到堂屋，高声喊："孩他妈，恶力地起来！"孩他妈："怎知的？""赶紧弄饭，吃完了好下湖起果子。"孩他妈弄了一锅糊涂。老王头一边喂老沙牛、小叫驴，一边收拾大车小车、犁和其他农具。等大孩子和小个尕起来后，全家就开始吃饭。石台子上盛了一二盆糊涂、一笊篱锅贴子、一大盘菜渣子和一小碟辣疙瘩。吃完了饭就准备下湖。老王头给老沙牛套上牛索头，给小叫驴戴上了驴夹板，自己也披上蓑衣。老嫚子换上大襟褂子，戴上了斗篷。大孩子穿上尼龙衫，小个尕也穿好了老虎头。一袋烟的工夫，一家子就忽忽隆隆来到了青松岭下的沙土地。

这是个黄金铺地、老少弯腰的季节。青松岭下遍地都是起果子的人们。老王头一家子等不迭歇歇就忙开了。老王头使牲口，老嫚子拎果子，大孩子掴果子，小个尕也不丢松，跟后边拾碎果子。忙活了一大晌午，三亩果子将起了一半。眼看就要晌午了，小个尕饿了，闹着要吃饭。晌饭是自带的：温泉煎饼、双店猪蹄、桃林烧鸡、李家酱豆，还有一箱子九龙湾矿泉水。吃过了，歇晌了。老王头铺着蓑衣打了个马眼，就跟孩他妈下六州、格四蹦、憋死猫，娱乐了一阵子。大孩子和小个尕试不着累，就到小河里捞鱼摸虾。一眨眼，就捞到了好几条钢针鱼、小穿条、小刀科子和蛤了歪，还摸到了小虾等。下晚，他们起了一大车和一小车果子，高高兴兴回家了。

阅读此文，回答下列问题：

一、文中出现了许多反映时间和天气的方言，请你判断：(5分)

1. 一早清子——早晨（是 否）　2. 好天——大晴天（是 否）

3. 大晌午——一上午（是 否）　4. 晌午——正午（是 否）

5. 下晚——下午（是 否）

二、文中出现了许多反映人物称谓的方言，请你判断：(6分)

1. 老王头——老汉（是 否）　2. 孩他妈——老婆（是 否）

3. 大孩子——青少年（是 否）

三、文中出现了许多反映方位、生活用语及食物的方言，请你判断：(8分)

1. 当天子——家院子（是 否）　2. 下湖——下地（是 否）

3. 弄饭——做饭（是 否）　4. 一二盆——2号的瓦盆（是 否）

5. 糊涂——稀饭（是 否）　6. 锅贴子——死面饼（是 否）

7. 菜渣子——老白菜兑豆腐渣做成的，又当饭又当菜（是 否）

8. 辣疙瘩——是用一种满身长疙瘩的大头菜做的咸菜（是 否）

四、文中出现了不少反映生产、牲口及农具的方言，请你判断：(7分)

1. 老沙牛——老母牛（是 否）　2. 小叫驴——小公驴（是 否）

3. 收拾——整理（是 否）　4. 大车——老牛车（是 否）

5. 小车——独轮小推车（是 否）

6. 牛索头——牛拉车或拉犁时戴在脖子上的木制品（是 否）

7. 驴夹板——戴在驴嘴上的两块细木板（是 否）

五、文中出现了反映农作物及劳动的方言，请你判断：(5分)

1. 起果子（a. 收花生 b. 面果子）2. 使牲口（a. 打牲口 b. 让牲口干活）

六、文中出现了一些反映鱼虾类的方言，请你判断：(5分)

1. 钢针鱼（a. 昂刺鱼 b. 鲶鱼）　2. 小穿条（a. 鲦鱼 b. 鲫鱼）

3. 混子鱼（a. 草鱼 b. 鲤鱼）　4. 蛤了歪（a. 螃蟹 b. 河蚌）

七、文中出现了许多反映服饰着装等方面的方言，请你判断：（5 分）

1. 蓑衣（a. 劲草编织的既能防雨又能防晒的上衣　b. 塑料雨衣）

2. 大襟褂子（a. 披肩　b. 妇女上衣）

3. 斗篷（a. 草帽　b. 斗笠）

4. 尼龙衫（a. 用尼龙布做的衬衫　b. 背心）

5. 老虎头（a. 小孩穿戴的鞋或帽　b. 玩具）

八、文中出现了许多反映言行的方言，请你判断：（6 分）

1. 恶力地（a. 行动快　b. 很用力）

2. 忽忽隆隆（a. 拖拖拉拉　b. 动作比较迅速）

3. 歇晌了（a. 随便歇歇　b. 中午休息时候）

4. 打了个马眼（a. 稍微休息一下　b. 打了牲口一下）

5. 不丢松（a. 不示弱　b. 没干活）

6. 一眨眼（a. 眨了一下眼　b. 一会儿）

九、文中出现了反映娱乐方面的方言，请你判断：（3 分）

1. 下六州——随便在地上划出六横六竖的棋盘，双方分别用石子或树枝博弈的一种地方棋种。（是　否）

2. 格四蹦——随便在地上划出四横四竖的棋盘，双方分别用石子或树枝博弈的一种地方棋种。（是　否）

3. 憋死猫——随便在地上划出“区”字形的棋盘，双方分别用石子或树枝博弈的一种地方棋种。（是　否）

参考答案：

一、1.a　2.b　3.a　4.b　5.a

二、1.b　2.a　3.b

三、1. 是　2. 是　3. 是　4. 是　5. 是　6. 是　7. 是　8. 是

四、1. 是　2. 是　3. 是　4. 是　5. 是　6. 是　7. 是

五、1.a　2.b

六、1.a　2.a　3.a　4.b

七、1.a　2.b　3.b　4.a　5.a

八、1.a　2.b　3.b　4.a　5.b　6.b

九、1. 是　2. 是　3. 是

爷爷们小时候的娱乐

吕剧，发源于山东。江苏省唯一的吕剧团，就在东海。

一个发源于外省的剧种，一个县级的剧团，能够延续至今，你可以想象它有着多么深厚的群众基础。

地处苏、鲁交界，东海在文化上受到山东强烈的辐射。吕剧的盛行，就是一个很好的例子。作为山东的地方剧种，吕剧其实一直是在民间传播的，有着巨大的民间生命力。用东海吕剧团老先生的话来说，当年那是村村都有唱戏的，年底汇报演出几乎是全民参与。

就算是到了现在，吕剧依然受到东海人的欢迎。当然，其中肯定是以老人居多。吕剧的传统剧目《墙头记》，讲的是教训不孝顺儿子的故事，这个剧目在乡间受到极大的欢迎。据说吕剧团下乡演出，人家都会主动询问演不演这出；如果演，四里八乡的老人们都会拖着孩子来看。

从中你不难看出，民间曲艺的最大作用，那就是传播正能量。在文化程度不高的旧农村，这种寓教于乐的方式，受到群众们的欢迎。这也是这种民间剧种可以获得巨大生命力的一个重要原因。

必须要说的是，《墙头记》并不是《墙头马上》，不少人一开始很容易搞混。但是仔细一琢磨，可以明白这里面的道道。《墙头马上》是典型的文人戏，讲公子小姐私奔的，是元杂剧。但是《墙头记》不一样，这出戏据说出自山东人蒲松龄，完全是百姓的戏。

所以，这样的戏曲充满了生活气息。虽然演员们是扮上唱的，但是仔细分辨一下服装你可以发现，吕剧应该是没有专门的“服装”这一说的，服装可能是从别的剧种里借鉴而来。而且，这个戏没有净角，基本是生、旦两角唱大戏。这种特点也符合它从民间来的特征。

当然，民间戏曲有一大好处就是欣赏起来没啥负担。就算不是山东人，听起来也没什么很大的障碍。念唱抑扬顿挫，配上山东口音，感觉特别哏。

TIPS

作为江苏省非物质文化遗产项目，东海的吕剧团有自己的演出厅，但是基本上是排练用的。一般来说，他们会在县里专门的表演场所唱戏。而且，他们还会经常性地送戏下乡，到民间巡回演出。除了传统戏，他们也编了很多新戏，拿了很多奖。但是据说老百姓最爱看的，还是那几出老戏。

描眉点唇，唱念做打，这是老百姓自己的**艺术**。

四姐的心事，马陵山知道

月黑风高夜，歹人出没时。

远处，马陵山起伏的山脉在暗夜中留下黑黢黢的剪影。近处，错落分散的坟头形成高低不一的凸起。一两声乌鸦的凄厉尖叫划破寂静的夜空，一个身影在坟堆前挥舞锄镐。从他的行为看，此人显然是个盗墓贼。从坟头光秃无草的情况看，这应该是座新坟。他挖开了坟墓，撬开了棺盖。正当他朝着黑乎乎的棺里定睛细看之时，恐怖的一幕发生了！棺中之人突然发出一声悠悠的叹息，慢慢坐了起来！盗墓贼魂飞魄散，“嗷”的一声惨叫，狂奔而逃。良久，棺里的人影扶着棺材爬了出来。这是个年轻女子。她不是杜丽娘，也不是聂小倩，她叫房四姐。

这个离奇的故事出自马陵山下流传的民间小调“姐儿溜”。故事通过说唱的形式讲述了美丽能干的村姑房四姐因父母贪爱财礼嫁给于家，遭到婆家欺凌虐待而悬梁自尽的遭遇。在故事流传的过程中，人们出于对弱者的同情，增添了一个歹人掘墓时四姐复活，最终与婆家和好的大团圆情节。

这首名为《房四姐》的长歌有1000多行，是“姐儿溜”的代表作品。故事情节跌宕曲折，扣人心弦，三天三夜都唱不完。受南吴北鲁两种文化的影响，“姐儿溜”这种民间曲艺形式呈现刚柔并济的风格，押韵整齐、朗朗上口，唱起来婉转动听、爽朗泼辣。当地有一句俗语叫“一溜山边泉儿头，大姑娘小媳妇都会唱姐儿溜”，说的是这种曲调广为流传，马陵山区几乎人人都能哼唱。

如今，在东海县李埝乡仍有万人传唱“姐儿溜”。非遗传承人、李埝乡文化站站长高建立从小就喜爱听这些故事，耳濡目染几十年，他现在扛起了整理、弘扬“姐儿溜”的担子。老高说，这种民间说唱艺术以唱为主，兼带表演性质，内容广泛，乐器也相对随意，竹板、扬琴、板胡是常用的伴奏乐器。像《房四姐》《绣花灯》《刘三姐赶会》等等，讲的都是老百姓喜闻乐见的故事，他目前搜集整理的曲目有 200 多种。

平时，老高会走村串巷寻找能说会唱的老艺人，把他们的表演场景拍下来，通过录音录像做好留存。也会到小学、中学去做些讲座，给孩子们介绍这种古老的曲艺形式。在传承的过程中，他始终有股深深的忧虑：如今 60 岁以下的人，会唱“姐儿溜”的越来越少了。

TIPS

姐儿溜是流传于东海县马陵山区的一种民间小曲，这种小曲的歌词押韵整齐、朗朗上口，唱起来婉转动听、情真意切。受南吴北鲁两种古文化的影响，东海县流传的“姐儿溜”呈现刚柔并济的风格。其中千行长歌《房四姐》是代表曲目，它兼顾两种风格，既委婉细腻，又爽朗泼辣。

以杨门女将之名，集体狂欢

艺术这东西是没办法分个三六九等的。你不能武断地说在大剧场里演出的艺术就比走进乡间的民间艺术要高端，也不能说这个角儿就一定比那个普通艺人的演出要成功。阳春白雪和下里巴人好不好的唯一标准，可能就是简单的一个问句："好看不？"

上周末，我好不容易扎进人堆里，看了一场东海民间艺术表演——南辰跑马灯。南辰是地名。跑马灯是啥意思？直白地按字面意思理解就可以了。"跑"是形容演出的状态，"马"和"灯"是演出的两个主角。感觉被我这么一解释，高雅的非遗艺术瞬间接地气了不少。

跑马灯的演出服饰大都以红、黄等亮色为基调，满场跑起来的时候，醒目又不扎眼。**作为东海最为出名的大型互动式广场表演节目，跑马灯的粉丝群不设上限也没有下限，**曾祖父牵着曾孙的小手一起来看演出的大有人在。演出按大小场分，表演的人数也不同。小场大都是些本地喜剧角色的民间歌舞，配以丝竹和吹打，图的就是个热闹。大场则是正儿八经的演出，锣鼓钹镲样样不少，舞蹈、武术轮番上场，基本能覆盖一个小广场，那阵仗可不输一台小型春晚。

除了热闹，跑马灯主要还是看门道。如果你只盯着满场跑的演员和道具傻乐呵，沉浸在演出里，一旁的行家一看就知道你是个门外汉，肯定会对你投来鄙夷的目光。正确的看点在哪？喏，脚上！跑马灯主要看的其实是演员的脚法，进退有度、步步为营，每一步可都是踩着点位走的，不允许一步的行差踏错。如果跟着他们的脚步画出一张图，那可就是一张行军打仗的破阵图。嗯，表演内容多是杨家将题材。

据说，跑马灯在盛行时曾最多演绎到 72 种阵势。这门好看又“烧脑”的高端民间艺术一般只在东海逢年过节的节庆活动上隆重登场，来了你可千万别错过。

TIPS

南辰跑马灯 2009 年被列入江苏省非物质文化遗产名录。跑马灯的起源是辽宋交兵之际，杨门女将奔赴边关，征战沙场。为了纪念她们的智慧和勇气，后人就把战场上激烈杀敌的布阵和破阵战术通过艺术的演绎，变成了东海著名的民间演出。如今在南辰一带最为盛行。为了让这个非遗项目后继有人，南辰小学还将这个项目作为学生的活动课，教孩子们跑马灯的基本规则。

“网红”算啥，她都红几十年了

东海的周末，人民广场人山人海，大家都在等待周末书场的主角——刘培兰以及她的琴书。等到神采飞扬的刘老师一出场，广场一片欢呼，堪比当下流量明星的演唱会现场。

《血书白绫记》《国舅孝母》《乡村喜事》……周末书场的书目大都接地气、通俗易懂，大家都十分愿意听。加上刘老师说书感情饱满，更是受到大家的欢迎。**周末书场从2014年开始，风雨无阻，每周一场，已经成为东海人生活的一部分。**

刘培兰从14岁开始学习琴书，大半辈子的时光都献给了琴书。1970年，尚在宣传队学习的刘培兰来到东海集市演唱，正是这场演出，让她留在了东海。后来经人介绍，她与曲艺作家秦玉快喜结伉俪。琴书在曲艺中也算复杂的一种，表演者一手敲扬琴，

一手要打琴板，嘴里还得说着书。一心三用，丝毫不能乱了阵脚。“虽然我没上过一天学，大字不识一个，但并不影响我唱戏说书。我跟别人最大的不同就是别人说书唱戏要看戏本，而我说书唱戏靠脑子记。”难以想象吧，舞台上妙语连珠、咬字清晰的刘老师其实并不识字，所以学书之时更需要付出比常人更多的努力。

因为担心所学的琴书失传，刘老师这几年除了演出之外，大部分的心思都放在了琴书的传承上。刘老师决定将自己毕生所学编成一本书，好让以后学琴书的人有参考。这个想法一经提出，立马得到了全家人的支持。老伴秦先生准备了稿纸、钢笔，根据刘老师口述，用漂亮的钢笔字认真记录下了每一句唱词，再重新念出来与刘老师确认。反复校对，反复修改，终于有了现在大家所看到的《刘培兰琴书说唱词集》。

那日前去工作室拜访，问及刘老师获得的荣誉，话音刚落，秦先生便抱出一大叠证书为大家一一介绍，每一次笑容背后都像在说：“看，这是俺媳妇儿，很行了！”

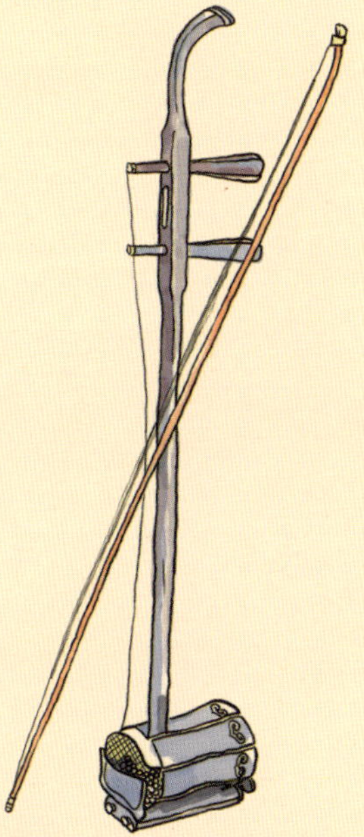

TIPS

琴书是一种民间曲艺，因演唱时以扬琴为主要伴奏乐器而得名。琴书的表现形式不一，有一人立唱，也有两人或多人坐唱或走唱。刘培兰是市级非物质文化遗产项目“苏北琴书”传承人。除了相对固定的周末书场，她也会受邀参加一些演出。平时她都在工作室做些整理、传承工作。

张果老靠它位列八仙

八仙过海，各显神通，而“神通”要借助法器才能实现。

传说中，八仙的法器各有不同：铁拐李的拐，汉钟离的扇，何仙姑的莲花，吕洞宾的长剑……各有妙用。不过，对于我们东海人民来说，张果老的法器才最为亲切可爱。

张果老本名张果，因为长得比较“着急”，所以人称“张果老”。说到张果老，很多人会误以为他的法器是毛驴。可实际上，毛驴只是他的坐骑，那个每天被他抱在怀里的大竹筒——渔鼓，才是他修道传道的真正道具。

据记载，张果老早年云游四方，靠说唱谋生，在民间传唱道情，劝化世人，这渔鼓就是伴奏乐器。因此，后世就把他作为“道情”这一说唱艺术的祖师爷，有“敲渔鼓，唱道歌”之说。不过，他的表演可不是每个人都有眼福看到、耳福听到的。《全唐诗》有记录说，随着道行和说唱技艺的精进，张果老名头大火。**武则天发来微信相邀，被他一口回绝；唐明皇再三邀请，并派专车接送，他才勉强露个脸**。一番布道说唱，皇帝五体投地，给他加官进爵。但没几天他不辞而别又继续云游了。这点跟“天子呼来不上船”的李白一样任性。不得不说，唐朝的皇帝真是个个好脾气；我要敢这样对我们老板，他肯定分分钟就能把我从窗口扔出去。

这次华丽登场，对张果老后来位列八仙起了决定性作用，也让渔鼓一

时声名大噪。后来，渔鼓作为演奏乐器，被一代又一代的表演艺人传承了下来。

记忆中，但凡渔鼓出现的场合，一定是极热闹喜庆的。小的时候懵懵懂懂，但快乐却很易得。遇上晴好的天气，村口常有人抱着渔鼓前来表演，我和小伙伴们便搬了小板凳去看。大人们对内容听得认真；而我们不过听个音律，常常傻乎乎地从头听到尾，最后却像迅哥儿看社戏那般，“没有看出什么来就走了”。但快乐的感受，却是实实在在地印在脑海里了。以至于很多年后，我依然会在午夜梦回之时，涌起一股想要拿起渔鼓跑去三里屯驻唱的冲动。而这一伟大梦想，或许从那时开始就已经萌芽。

TIPS

渔鼓从道教音乐发展而来，石湖一带的民间艺人将当地的风情融入其中，并加入自己的创造，使渔鼓成为一种老百姓喜闻乐见的曲艺形式，渔鼓还被评为了连云港市级非物质文化遗产。

如今在东海，第八代石湖渔鼓传承人孙宝龙，依旧在为这种民间艺术努力着。一生执此一念，终能开花结果。76岁的孙宝龙也有了弟子，这一古老的道教说唱艺术就这样在这个苏、鲁交界的神奇小城里继续闪耀着缤纷的光芒，生生不息。

黄蓉是此项运动的正宗代言人

东海桃花岛是黄蓉的家。黄蓉是东海第一“女神”，也是把打狗棒耍得最出神入化之人。打狗棒有一个很好听的名字，叫“绿玉杖”。不过，这肯定是后来“丐帮公司”上市以后，老板找玉工重新做的。在它的原始积累期，即使是贵为帮主，也一定享受不到这样的待遇。那时的打狗棒，估计也就是路边随便捡的、较为粗壮的木棍而已。

捡木棍的目的是什么？在我看来，一个功能是为了壮势。虽然团队规模小，但大小是个老板，这点气势还是要有的。另一个比较实用的功能，应该是为了防身，毕竟人在江湖飘，没点自我保护意识那还行？还有一个功能，可能大部分人都猜不出来。如果不是偶然间在东海见到，即使博学如我，可能也想不到。

听好了，打狗棒还有一个功能，是用来健身！

估摸着，是后来丐帮慢慢壮大了，平日里难免有人发烧、感冒啥的，出勤率就会降低。于是，老板出于节约成本的考虑，大手一挥，让大家每天坚持锻炼身体。身体好了，干起活来更加卖力，还能节省一大笔医疗开支，真可谓一举双得。

既然是公司的全员运动，那就得有固定的运动套路。相传，打狗棒法共有三十六路，其招式之多一点不亚于我们常练的广播体操。且此棒法

变化精巧，招术奇妙，指东打西，凌厉无比。虽然名字土了点，但**一旦打起来，其气势有如山河奔涌，于千万人之中取敌人首级易如反掌**。想当初，黄蓉就是以此棒法挫败了四大长老，令其臣服。

后来，在农村荒灾时期，打狗棒法渐渐成为民间一种作歌行乞的手段。不过，此时的打狗棒法已经偏向娱乐化，大部分动作应该是来自于行乞途中对“狗咬”经历的总结。其“挥舞”方式，看起来就像在用棍棒驱赶恶狗，完全失去了黄蓉用来比武时的飒爽英姿。

不得不赞叹劳动人民的乐观与豁达，无论在何种境遇下，他们总能无惧苦难，将伤口雕刻成花。于他们而言，苦中作乐好像从来都不是难事。

后来，打狗棒法逐渐发展成为一种民间艺术。不过，如同其他民间艺术形式一样，经过早期发展之后，为了更好地走向市场，必然会融入更多的加工创造，促使自身升级换代。这不，经“董事会”决定，要想让打狗棒法走向国际市场，首先要为它取一个响当当的名字，于是，“打连厢”这一名号横空出世。

改了“品牌名称”之后，第二步就是更换包装，于是，表演艺人的服装变得绚丽夺目。除此之外，用作表演道具的棍子，四周也被缠上了五彩丝线，顶端还被掏空后套上了铜钱。这样改造后的棍子，一旦耍起来，就能发出“叮铃铃”的清脆声响，从视觉和听觉两个方面，抓住观众的心。

TIPS

打连厢所用之棒，由竹子或细木制成，长二尺许，其中四至六处挖有空档，每档中串以铜钱，分上下两面。据说，该项“运动”既能防蚊，又能治老寒腿。表演时，棍棒上下左右舞动，并敲击身体四肢、肩、背各部，充盈着飞舞之美，呈现出轻松活泼的风格，被称为民间舞的瑰宝。

如今，打连厢作为一种民俗文化，极受东海百姓的喜爱，李埝一带尤盛，通常在节日或庙会时作为一种必备的演出活动。每次表演，需要 20 人左右，边唱边舞。其歌曲多为当地民间小调，变换快慢节奏，而棍棒之上的铜钱则发出清脆悦耳的响声。

图/说

关于**福**字的另一种解读

有些习俗，一直流淌在一日三餐的变换中；有些记忆，始终存留在年复一年的节庆里。

那晾晒在牛车上的农耕背影，已经渐渐远去；而果园花房里的面孔，却时尚而新鲜。

忙时的辛劳，闲时的散淡，都是晨昏轮转里的日常。

五彩斑斓的玩具是每一个人童年最甜美的梦。我们长大，渐渐遗落了那些梦。停下脚步，给自己买一颗糖。

传统民俗延续在乡村每个角落。

在东海，有多少种“福”字，就有多少种福气。

红彤彤的新衣，红彤彤的脸蛋，红彤彤的年味。

这些祖辈流传下来的动作，舞出的，是对这方土地的敬畏和热爱。

所谓传承，有时就萌芽于这不经意的一次好奇。

卖早点的小店多少年还是这样，人们来一拨，走一拨。
喷香松脆的一口，满嘴幸福的满足。

那条满是梧桐的路，
记不得走过多少遍，
从小手牵大手，
走到大手牵小手。
他的背影里，
有许多人的回忆。

街头的这笼热气，弥漫着**家**乡的味道。

无忧童年，记录一段简单的美好。

光阴仿佛在这里小憩，美丽的故事，老去又新生。

两手托起的沉甸甸的满足，只不过是寻常人家的寻常日子。

春暖。鸭知。流水带走的，是季节的信息；留下的，是村子里风风雨雨的故事。

春天里的一树火红，憧憬着秋天里**丰收**的回眸。

收获幸福

天上闪星星，地上亮晶晶。
你的身体里藏着风，藏着海，藏着闪电与星河。
在千变万化间诉说光阴的故事。

叁

新龙宫传奇

你家地里长水稻
人家地里长水晶

如果从微观层面看物体，其实是很无趣的。比如，咱们把钻石“微观”一下，它就是碳的同素异形体。

同样，水晶说白了就是二氧化硅。二氧化硅是啥咧？就是石英。石英这玩意很常见，大多数天然的白石头都是。

悄悄告诉你，其实透明的石英就是水晶。

但是，要变成水晶是没那么容易的。最后结晶好不好，透明度如何，决定了这块石头的身价。虽然出身相同，但是经历不一样，当然身份就不一样。这样说，大家估计也能明白。

水晶，是由火山喷发带来的。所以，你由此可以知道东海这一带的地形。

冒充一下专家告诉你一个地理知识：这边属于著名的郯庐断裂带。

这是东亚大陆上北东向巨型断裂系中的一条主干断裂带，在中国境内延伸2400多公里，切穿中国东部不同大地构造单元，规模宏伟，结构复杂。

东海西边不多远，就是山东郯城县，所以你懂的。这样的地理位置，给东海带来几个特别之处。

首先就是产水晶。那家伙，据说人家这里地里都长水晶。**农民们刨着刨着，就能挖出块透明美丽的白石头。**

PS：当然，如今这些地表的水晶必然已经被挖光了，大家就不要胡思乱想了。

其次就是有矿。这里的矿藏十分丰富，以水晶的伴生矿为主。这也使得这边的水晶除了透明的单晶体结晶，也就是白水晶之外，还有很多漂亮的发金和包裹体。

最后，就是多温泉了。因为是断裂带，所以有流出的地热水。这里的温泉资源十分优渥，有一大片温泉村。

当然，还必须给你介绍个不算景点的景点。

2001年，东海的“亚洲第一井”开钻。

至2005年3月钻探全面结束时，井深达到5000多米，成为亚洲第一的地球物理超深井。

这个深井，是国家入地计划的重要环节。

据说，当年考察时，科学家先后在东海房山镇、东海种畜场和赣榆朱堵乡钻探了3个分别深达400多米至1000多米不等的“卫星孔”，探寻地球的内部信息。最后，他们在东海发现了金刚石的晶体。由于深部岩石的折返，钻几千米的深孔就可以发现地下几百千米深处的岩石，所以在这个带上实施科学钻探，可以取得超高压变质带丰富的科学信息。因此钻井最终定址在东海。

这也算是独特的地形带来特别的收获吧。

龙王为何住在水晶宫

提到东海，第一反应肯定是龙王；提到东海龙王，很难不想起龙王有个水晶宫。

那么，问题来了。

话说龙王富有四海，为啥非得住个水晶宫呢？他不能搞个钻石宫吗？他不能搞个黄金屋吗？珊瑚石宫殿也不差啊，感觉上还更贴近呢！

是谁选中了水晶呢？

毫无疑问，是写书的吴承恩决定的。

吴承恩，是淮安人。查看此人的简历，他早年在河南做官，后期在浙江做官。再后来，他官做不下去了，开始写书了——在海州云台山闭门写书。

所以，**在众多奢侈品中，他选中了水晶给龙王修宫殿，这必须不是偶然**。

各种宝石中，水晶非常特别。

首先，名字特别多。在历史上，随便数数，你就能找到一大堆，诸如：水玉、水碧、白玉、玉瑛、水精、石英、黎难、晶玉，还有菩萨石、马牙石、眼镜石、放光石，等等。

其次，历史特别长。在早期人类活动遗址中，就陆陆续续发现了不少水晶制品。可能是因为硬度比较过关吧，所以早期人类拿这个当工具用。

最后，这里的水晶都很大，特别是单晶体。**中国数得上的“水晶王”基本都是这里采到的**。

综合这些特点，不难发现水晶这个东西，中国人对它的认识是不断更新的。早年，可能是跟石头一样，当这个是工具。后来，当成一种玉。慢慢发现，这个不是玉，或者说跟玉区别比较大，然后大家根据作用和性能，一通乱叫。

比较流行的叫法应该是水玉。

在东海水晶博物馆中，有选自唐代王建的一首诗，全诗如下：

映水色不别，向月光还度。

倾在荷叶中，有时看是露。

这首诗非常精确地描绘了东海水晶的特点，那就是透明、纯净，放在水里几乎看不见。从这个角度，我们不难发现，中国历史上的水晶应该基本都是东海这边的，因为完全符合这里的特产——白水晶的特征。

所以我们可以跟上吴承恩的思路了。

龙王住在东海，东海海边有什么呢？当然是水晶。

这个宝贝不但透明，而且巨大，完全符合拿这个当宫殿基建材料的条件。所以，龙王就这样住进了水晶宫。

这里说句题外话。央视老版的《西游记》虽然制作上比较简陋，但是里面水晶宫就是冒个泡泡看不到宫阙的设定倒是意外合拍：按照东海水晶的特点，做出一个水晶宫放在水里，必须就是那个效果的。

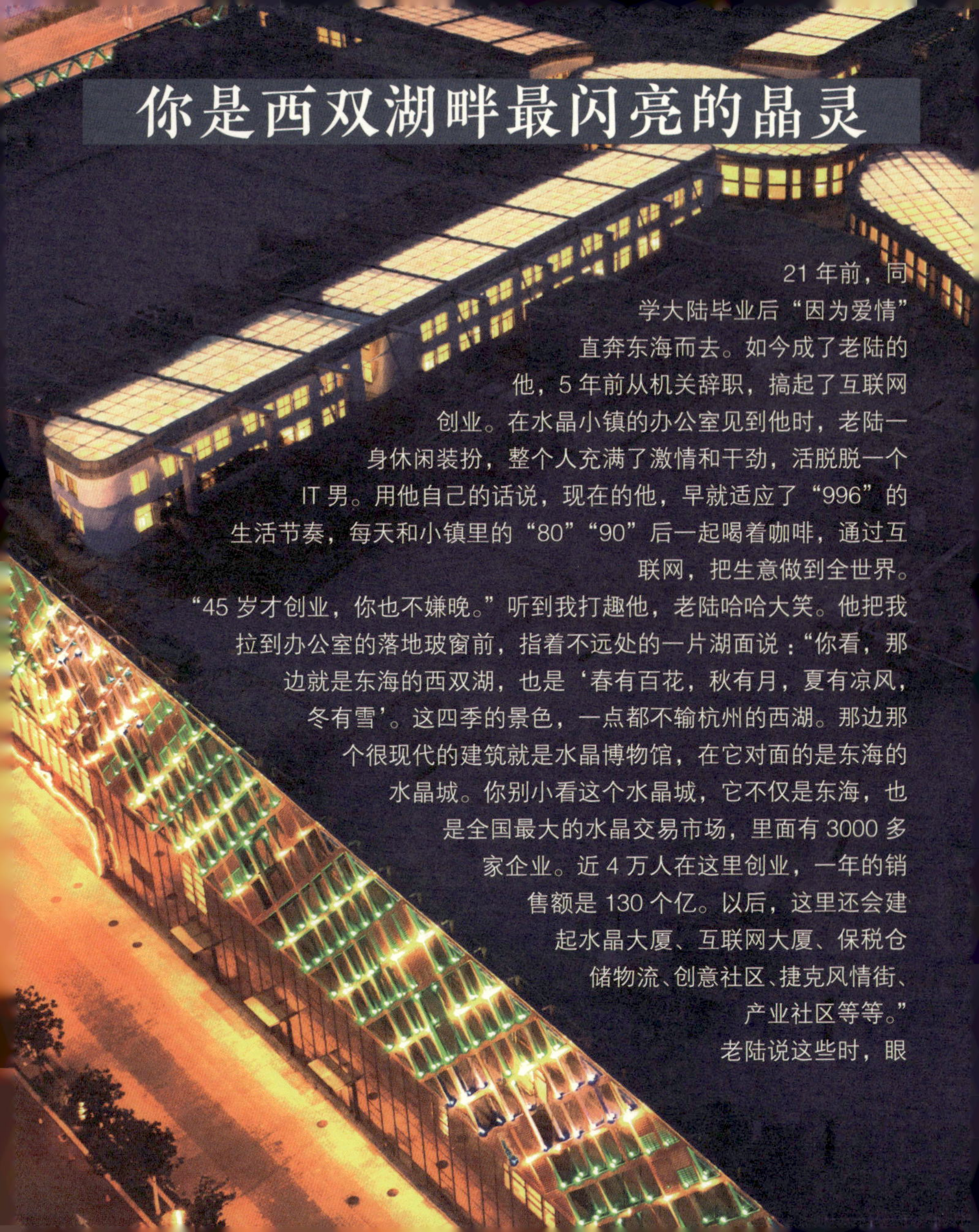

你是西双湖畔最闪亮的晶灵

21年前，同学大陆毕业后“因为爱情”直奔东海而去。如今成了老陆的他，5年前从机关辞职，搞起了互联网创业。在水晶小镇的办公室见到他时，老陆一身休闲装扮，整个人充满了激情和干劲，活脱脱一个IT男。用他自己的话说，现在的他，早就适应了“996”的生活节奏，每天和小镇里的“80”“90”后一起喝着咖啡，通过互联网，把生意做到全世界。

“45岁才创业，你也不嫌晚。”听到我打趣他，老陆哈哈大笑。他把我拉到办公室的落地玻窗前，指着不远处的一片湖面说：“你看，那边就是东海的西双湖，也是‘春有百花，秋有月，夏有凉风，冬有雪’。这四季的景色，一点都不输杭州的西湖。那边那个很现代的建筑就是水晶博物馆，在它对面的是东海的水晶城。你别小看这个水晶城，它不仅是东海，也是全国最大的水晶交易市场，里面有3000多家企业。近4万人在这里创业，一年的销售额是130个亿。以后，这里还会建起水晶大厦、互联网大厦、保税仓储物流、创意社区、捷克风情街、产业社区等等。”

老陆说这些时，眼

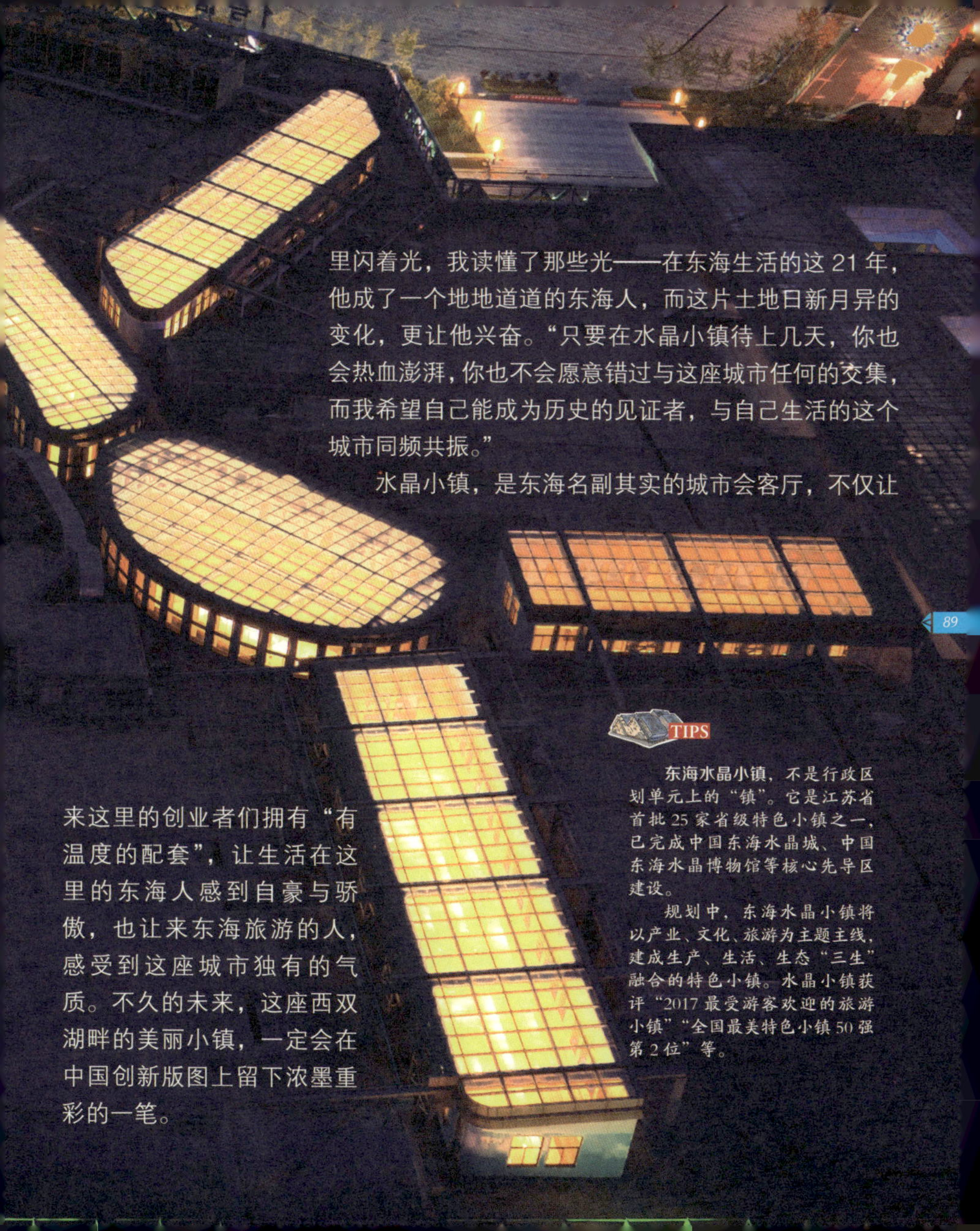

里闪着光，我读懂了那些光——在东海生活的这 21 年，他成了一个地地道道的东海人，而这片土地日新月异的变化，更让他兴奋。“只要在水晶小镇待上几天，你也会热血澎湃，你也不会愿意错过与这座城市任何的交集，而我希望自己能成为历史的见证者，与自己生活的这个城市同频共振。”

水晶小镇，是东海名副其实的城市会客厅，不仅让来这里的创业者们拥有“有温度的配套”，让生活在这里的东海人感到自豪与骄傲，也让来东海旅游的人，感受到这座城市独有的气质。不久的未来，这座西双湖畔的美丽小镇，一定会在中国创新版图上留下浓墨重彩的一笔。

TIPS

东海水晶小镇，不是行政区划单元上的“镇”。它是江苏省首批 25 家省级特色小镇之一，已完成中国东海水晶城、中国东海水晶博物馆等核心先导区建设。

规划中，东海水晶小镇将以产业、文化、旅游为主题主线，建成生产、生活、生态“三生”融合的特色小镇。水晶小镇获评“2017 最受游客欢迎的旅游小镇”“全国最美特色小镇 50 强第 2 位”等。

来看看她一亿岁的青春容颜

TIPS

水晶博物馆的对面就是东海水晶市场。看了博物馆，对水晶有一定了解后，去对面“剁手”的时候也能冒充半个行家。当然，博物馆内也有一些不错的水晶制品，可以下手。

地址：江苏省东海县中华路与晶都大道交汇处，西双湖北侧

门票：不收门票，凭身份证登记参观

时间：周二至周日，上午 9：00—11：30（11：00 停止取票），下午 14：30—17：00（16：30 停止取票）

水晶博物馆的外观很现代，整个设计灵感来源于六棱水晶簇从地下伸向地面时的姿态。它棱角分明，层层叠加，充满张力。

这座深灰色的建筑于2013年建成，并全面对外开放。它以独特的造型，半倒卧在美丽的西双湖边。虽然建馆时间不长，但它是目前国内规模最大、等级最高、唯一以水晶为主题的专题博物馆。在这里，魅力无穷的水晶与光怪陆离的声光电将为你开启一场触手可及的梦幻之旅。

博物馆入口处大堂有一块重达1.99吨的“晶王”。它曾经深埋地下亿万年，于1995年在东海县牛山镇曹林村被发现。其重量仅次于收藏在中国地质博物馆的“水晶大王”。迈步向前，便可进入水晶世界内部。声光电交融，水晶的形成过程在这里被演示得淋漓尽致。踩着透明的玻璃通道，漫步在光线暗淡的展厅之中，只有镶嵌在两侧墙体上的丛丛水晶发出清透的光，有种置身梦境的错觉。步入二楼的展厅，雕刻大师的水晶艺术作品比比皆是，在半明半暗的大厅中闪耀着夺目的光彩。在这个展厅的最后，放着镇馆之宝——保价3亿人民币的金发晶球。这颗水晶球直径24厘米，重19千克，是用一块91千克的原石雕刻而成的。随着水晶球上方的灯光变化，水晶体的发丝也随之变化，美轮美奂。

水晶形成于距今1亿多年前的地壳运动时期，最早被称为“水玉”和“水碧”。这被记录在中国著名的古代文献《山海经》中。这也是最早记录水晶出处的一本书。东海作为中国水晶之都可谓名副其实，大自然赋予的地质构造让东海的鸡窝矿水晶闻名于世。因为埋得浅，**当地人戏称，以前雨下得大一点，地下的矿就露出来**

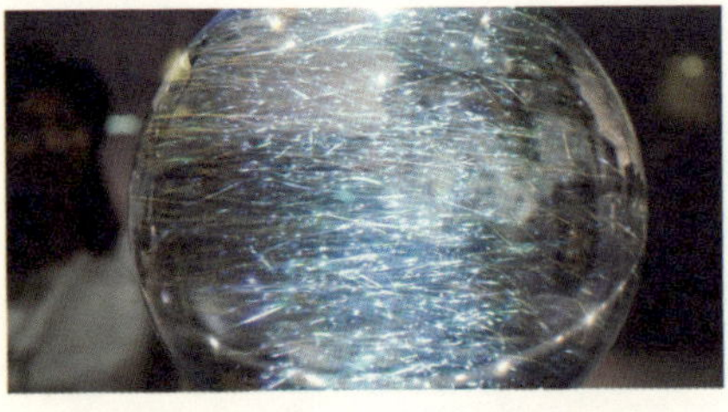

「水晶大王」出土

了，真的遍地是水晶。玩笑归玩笑，东海水晶多为人工开采倒是真的。截至 2004 年，东海县境内已发现 4 个水晶鸡窝矿，地下水晶石英的蕴藏量达 3 亿多吨，占全国的 80%。

东海水晶，带来了大自然的和谐与闪亮光辉，更是一种文化的象征。它具有一种无法替代的品质，那就是纯洁纯正。在这座博物馆中，你能淋漓尽致地感受到醉人的水晶的魅力，最终找到自我所需的生命源泉和精神支柱。

我卖的不是水晶，是情怀

他说：我卖的不是水晶，是情怀。

他的店开在中国东海水晶城。既然是“国字号”，既然敢叫“城”，这里规模之巨大是可以想象的，可以说它是全世界最大的水晶批发交易集散地。各种水晶产品琳琅满目，在3000多家商户中想找到他的店实在不是件容易的事。

见到他时，他正指挥工人忙着新店的装修。隔壁老店里，美女主播正在直播介绍他的水晶工艺品。

他叫仲海滨，地地道道的东海土著。他的故事很典型，也很另类。

2008年，仲海滨从部队复员回乡，决定创业。开个水晶专卖店是他毫不犹豫的选择。因为小时候家里的农田就挖出过水晶，这让他对水晶一直有着很深的情结。多年部队的锻炼让他的视野更加广阔。开实体店没多久，他觉得互联网的发展是个大好机遇，于是他的网店很快开张了。那个时候，网购在这个苏北县城还是新生事物，很多人觉得这是异想天开的事。仲海滨又有了异于常人的想法，他觉得自己单打独斗不行，得大伙一起开，形成网上销售的氛围，才能把水晶交易这块蛋糕做大。于是，平时在打理好自己网店的同时，他还毫无保留教周围店家如何开网店。几年下来，东海水晶商户的网店在各大互联网平台如雨后春笋般冒出，仲海滨的网上销售量也水涨船高。

走在水晶城里，能看到许多像仲海滨店里一样的网售直播间。一楼专门的快递揽件点，包裹堆积成山，人们几乎24小时忙碌不休。如今在东海，仅仅销售水晶的网店就有2万多家，去年170多亿元的销售额中，网上销售额就占到七成多。而仲海滨的网店除了入驻淘宝、京东等国内平台，还在亚马逊、Facebook这样一些境外平台上主经营，去年他1000多万元的网售额中，境外销售额就有300多万元。

仲海滨说，他开网店，跟很多人不一样的地方是，他讲情怀，重文化。他的网页上，他的直播销售文案里，不单有水晶产品，还有东海的风土人情，还有水晶历史文化，还有相关的情感故事。**这些，不是为了销售搞的噱头，而是实实在在的、发自内心的对家乡的爱。**这些，也实实在在给了他应有的回报。

去年，网店主播在介绍水晶掌故时，接到一个海外客户的奇怪请求——能不能拍些花生地、山芋地的视频给他看看。仲海滨赶忙跟这个客户做了沟通。原来，这是一位 80 多岁的新加坡老华侨，原籍是临沭，老家跟东海只有一河之隔，而早年临沭和东海都属于山东省。他在十几岁时下南洋打工，再也没有回来过。现在他年事已高，思乡之情愈发深切。看到水晶，他更加思念家乡风物，忍不住提出了这样一个“非分要求”。很快，仲海滨在花生地为他做了一次特殊的直播。老人对着镜头，情不自禁老泪纵横。后来，这位老人跟仲海滨成了朋友，也成了他的代理商。今年，仲海滨正在帮这位老华侨完成另外一个心愿——寻找合适的贫困学生，老人希望提供帮扶资助。仲海滨说，这是比卖水晶更有意义的事。

入夜城市，华灯初上。水晶点亮了万家灯火，我编织出水晶的梦想。

它是惊艳了千年的奢侈品

猴子毕竟是猴子，孙悟空对奢侈品是没有概念的，从闹天宫到闹蟠桃宴,一路下来始终是个破坏者的形象。面对着美轮美奂、blingbling（闪光）的东海水晶宫，也是甩开金箍棒一通打砸。想象着那些水晶噼里啪啦碎掉的情景，我的心也跟着碎了。不过，还是要感谢吴承恩这一段略残忍的设计，自此“东海水晶”这四个字给后人留下了难以磨灭的印象。

事实上，东海水晶的高光时刻比吴承恩写《西游记》早之又早。水晶是纯洁和高贵的象征，在中国古代，各类精雕细刻的水晶装饰、用具一直受到贵族阶层和文人名家的喜爱。东海能工巧匠辈出，一次次把水晶雕刻技艺推向高峰。据传，唐朝时有个叫马待封的巧匠为皇宫制造自动斟酒的“酒山”。银酒山高达三尺，山是中空的，可容酒三斗。山四面有龙嘴向外吐酒，下面接酒的杯子就是用东海水晶雕刻而成的。一时之间，用东海水晶制作的水晶帘、水晶枕、水晶杯、水晶首饰等，成为当时最受追捧的奢侈品之一。

稍微了解一点的人都知道，水晶刚硬、质脆，折射度高，即使最细小的瑕疵也会展露无遗，比玉雕难度更大。一块块水晶原石，经过切割、题材设计、雕琢加工、抛光、清洗等工序，就变成了一件件让人挪不开眼、拔不动腿的工艺品，身价直线飙升。

过去，受雕刻工具、工艺水准的限制，东海水晶雕刻品多以单一风格的帘子、杯子、眼镜、项链、水晶球等为主。改革开放以后，东海水晶雕刻工艺进入全新的发展时期，一大批艺术人才走进了水晶雕刻领域，把水晶的材质之美与人文艺术之美完美结合，并融入诸多中国传统文化元素。凭借丰富多彩的设计和精湛娴熟的技艺，水晶雕刻艺术品已经成为东海的一张新名片。

TIPS

东海水晶雕刻技艺是省级非物质文化遗产。近年来东海致力于推动水晶雕刻人才的引进和培养。中国水晶文化创意产业园是全国首家以水晶为主题的产业园，致力于打造国内外一流的水晶加工基地和研发高地，目前已吸引至善坊、恒达珠宝、博凡珠宝等近60家知名水晶宝玉石企业，曹志涛、张玉成、吴建敏、徐利剑、陈令勇等30多位国家级、省级工艺美术大师和工艺美术名人入驻产业园，已建立了11个水晶名人工作室。

这个大集，赶得不一样！

东海的水晶大集有三多：摊位多，宝贝多，人头多。要赶这个大集，一定趁早，早上五六点钟天蒙蒙亮的时候，大集上已经 people mountain people sea（人山人海）了，熙攘到你怀疑自己的眼睛。3500 多个摊位，脚下功夫再好，全逛下来恐怕也是要“废”的节奏，是该好好做个攻略的。

原石区是淘晶人的天堂，这里汇聚了来自世界各地的水晶原石和半成品水晶球、水晶柱。别小瞧了啃着菜煎饼风餐露宿的摊主，他们守着的可能是价值过亿的摊位。来这儿的淘晶人都会揣着一支专业的强光手电筒，碰上有眼缘的宝贝，就会亮出家伙来一番左瞧右看。行家识宝靠的是一双“火眼金睛”，砍价拼的更是内功。电光石火之间，砍价完成，扔下一句“直

TIPS

东海独具特色的**水晶大集**源于20世纪80年代末，当时的水晶加工户，利用三到五天空闲时间赶一个集，将自己开采、加工的水晶产品拿到集市上交易，一度颇具规模。

现在的东海水晶大集有新、老两个大集，由政府统一管理。老集位于东海水晶城北侧的淘晶广场，由县中心区迁来，农历每月初四、初九、十四、十九、廿四、廿九开集。新集位于奔牛广场，农历每月初三、初八、十三、十八、廿三、廿八开集。水晶大集上的产品种类多样，价格低廉，不乏精品绝品，如果你喜欢水晶，一定要去逛一逛。

接送去我店里”就走，留给人群一个潇洒的背影。这可比为你承包鱼塘的霸道总裁霸道多了。

水晶“小白”就去手串摆件区晃晃，准保是老鼠掉到米缸里。粉水晶招桃花，黄水晶带财气，白水晶长智力……你可以花几百元入一块不错的吊坠，让摊主免费配上几颗珠子，在镜子前美了又美；也可以买上几串十元二十元的手链，回去送给亲戚朋友，倍儿有面子。不用担心会买到假货，东海水晶多为真品；而且这里民风淳朴，如果卖的是人造水晶，摊主一定直言不讳。不把假货当真货卖，不把次品当佳品卖，这是东海水晶人的底线。

东海水晶之最
东海水晶文化渊源最久
中国水晶东海的个儿最大
中国水晶东海的贮藏量最多
中国水晶东海的产量最高
中国水晶东海的质量最好
中国水晶集散中心在东海最大
东海水晶形成地质条件最佳
水晶电视台
水晶联播

亚洲的水晶分布
Crystal Distribution of Asia
亚洲的水晶主要分布在中国、印度、日本、韩国、斯里兰卡、阿富汗、巴基斯坦、越南、缅甸等。
水晶时间：2019.10.18

肆 这池汤，从唐朝泡起

把自己放进这一池晃荡的玉液中，
它是暖，
是袅娜的裙裾，
是昨夜盗取的月光，
是最美的温柔。

一种天人合一的生活方式

东海丰富的温泉地热水资源，跟水晶的情况一样，来源于亿万年前的剧烈地质变动。火山熔岩的喷发活动，加热了周围的地下水，并在其中融入了许多微量元素。

有关中国人泡温泉的记载，从秦始皇修骊山汤泉算起，也有2000多年了。但始皇帝泡温泉是为了治病祛邪、长生不老，不是一般人能享受的。真正让泡温泉成为一种时尚、一种全民喜好，是在繁荣昌盛的大唐时代。从唐太宗建骊山汤泉宫开始，到唐玄宗跟杨玉环共浴华清池，“泡汤”成为有唐一代争相追逐的一种健身养生的生活方式。也正在此时，东海温泉开始为世人所知晓，并有了明确记载。那个时候，人们偶然发现，羽山脚下几处水洼，突然热气蒸腾，灼热的泉水不断涌出地面，漫野而流。人们沐浴泡汤，感觉神清气爽，通体舒爽。羽山汤泉渐渐声名鹊起。

这里的温泉泉水常年自流，出水温度达到82℃，带有明显的硫黄味道，水质透明滑润，富含钾、锌、氟、氡等30多种对人体有益的矿物质和微量元素。英国《简明不列颠百科全书》将其命名为“氟硅复合型医疗热矿水”。其对促进新陈代谢、改善体质有明显功效，被国内外康疗专家誉为“华东第一温泉”。

东海温泉的泡汤环境也极其优越。泉水温热滑润，四周花木繁荫、静谧安逸，这种天人合一的洗浴氛围本身就是放松身心、康体养生的极佳元素。

“你在南方的艳阳里，
大雪纷飞。
我在北方的寒夜里，
四季如春。”

收起尴尬，像当地人一样泡个汤

不知道是不是很多人都跟我一样，到了夏天就愿意在16℃的空调间待着，裹紧了被子缩着玩手机，哪怕冻得瑟瑟发抖也不肯把温度调高1℃。于是，总是在大热天被抓去拔火罐、驱寒气。每每拔得痛不欲生时就会感叹，可恨家里没有温泉，否则温泉水里泡一泡，哪里还用得着遭这份罪！

去温泉小镇，就是冲着温泉去的。顾名思义，这里的特产就是温泉。整个小镇自带一种悠闲气质，而泡澡就是这里最常见的消遣。这泡澡当然不是普通的泡澡，在这里，泡澡用的水都是真正来自地下的温泉水。

用老祖宗的话来讲，“泡澡”就是“沐浴”。在古代的上巳节，“祓除畔浴”是这个节日的特有习俗，翻译成现代汉语就是结伴去水边沐浴。而在温泉小镇，几乎每天都是上巳节。

东海人对于温泉的执念真是要你相信，用

《还珠格格》里的一段台词来凑下字数：“春天要泡澡，夏天要泡澡，秋天要泡澡，冬天还是要泡澡；男人要泡澡，女人要泡澡，小孩要泡澡，老人还是要泡澡啊！”这段话用到东海温泉小镇上，简直完美契合！

最早，泡温泉分为净身、探汤、下汤、净心、养体、循汤、静思等7个步骤。而到了现在，哪儿那么多讲究，泡就完了呗！这里的温泉水含硫量不算高，越泡皮肤越滑，直泡得皮松肉嫩，跟个白斩鸡似的就能出来了。

听人说，鼎盛时期，镇上的温泉酒店有10多家，泡温泉是最常见的社交方式。午后到傍晚，这段时间，随便走进一家温泉酒店，大池子里都有人在泡温泉，或一大群，或一小簇，基本都是土著。当然，也有些土著习惯吃罢晚饭后，来这里夜泡。

在东海人看来，泡温泉是和吃饭一样平常的事情。光着身子，交谈却不见一丝尴尬，整个池子仿佛成了一个社交空间，里头的人各有各的话题。如果有东海的小伙伴向你发出“一起泡澡”的邀请，请收起你的扭捏，痛快地答应下来。

一起泡温泉的人并不一定认识，但聚在一起总有话题可聊，家长里短、兴趣爱好，泡着温泉，怎么聊都是投机的。从池子里出来也不加微信，相视一笑，一句“走了嗷”既是今天的道别，也是明天再聚的信号。

TIPS

东海温泉沐浴文化节在每年9月左右开办，是东海国际水晶节的主要活动之一。文化节期间，会举办各色活动和温泉论坛等，全面对外展示“颐养宜居小镇”形象。

温泉有女神，名字叫汤姑

东海多温泉。据说当年插个管子到地下，就能洗个温泉澡。

温泉有个女神，叫作汤姑。这应该是地方特色鲜明的传说了，因为在其他温泉地区，没有听说过这位女神。说这位女神是王母娘娘的小女儿，下凡之后泡温泉被东海龙王的儿子小灰龙看到了。小灰龙藏起了汤姑的衣服。

这里要说句题外话。王母娘娘家的确要注重一下“安全教育”，这已经不是第一次出现她们家姑娘洗澡被偷窥，然后被偷了衣服的事情了。像这位汤姑，还有她的姐妹七仙女，都中了凡夫俗子的招。

但是汤姑的运气要好过七仙女，至少她丢了衣服会找家长，然后王母娘娘又让人送了一套过来。

在这里我们可以猜想，七仙女下凡一定是早过汤姑，所以小灰龙肯定是听过董永前辈的故事，这才有样学样的。但是，这次小灰龙失算了。王母娘娘大概是在七仙女出事以后打了“补丁”，还有人送衣服，

小灰龙就此失败。

失恋的小灰龙借酒消愁，结果喝多了乱吐，吐出的是毒水，老百姓因此生了皮肤病。汤姑听说了就再次下凡，把灵芝泡在温泉里，让百姓泡了可以治病。

故事的最后，汤姑因此被封为温泉女神，从此得到百姓的供养。如果我们善意地写，其实结尾也可以是，小灰龙终于追到了汤姑，两个人在一起开始了幸福的生活。

本来嘛，泡温泉是多么幸福快乐的事情，就让故事圆满一些好啦！

TIPS

汤姑广场是东海温泉镇的一处地标。你可以去看看听泉阁，逛逛阅泉廊。据说，端午节这天在这里泡个脚，能保一年无病无灾。坐在水云榭或者待霜亭里，吸几口新鲜空气也是好的。最重要的是，如果你没有在广场上看过女神汤姑的雕像和高达32米的音乐水景喷泉，怎么好意思说自己来过东海呢？

吃了温泉蛋你就是仙女

为什么温泉里煮的鸡蛋是从蛋黄开始熟的?

我第一次吃温泉蛋，就被它这一反常的形态给整懵了。轻轻地磕开蛋壳，透明的还未熟透的蛋白便露了出来。或许不该叫它蛋白，从色泽质地上来说，它更像是刚开始凝结的蛋液。透过这晶莹剔透的蛋液，你可以一眼看到内部那颗金亮熟透的蛋黄。趁热入口，有一股淡淡的矿物味。

那时我还是个上幼儿园的“小盆友”，以我当时的认知能力以及判断能力，**只有一种理解：温泉蛋一定是仙蛋**。我的理由很充分。首先，温泉里有汤姑从天上带来的灵芝，仙女的东西那肯定是有仙气的。其次，温泉蛋是在这仙泉里煮成的，汇聚了温泉里的天地灵气，才会形成如此奇特的口感，才会跟我妈丢进开水壶里煮出来的鸡蛋完全不一样。

所以，小时候我经常会蹭上各路亲戚、邻居、同学的温泉局，泡着仙泉，吃着仙蛋，坐等仙气积攒到一定的“仙值”，我就可以羽化成仙，拥有像七仙女那样的鬓发和五颜六色的丝巾，在云朵里美美地穿行。后来我渐渐想通了，成仙太难了，应该不是多吃几个温泉蛋就能做到的，不过变美似乎倒是可以期待一下——我看着镜子里的自己，满意地挑了挑眉。

对温泉蛋冷淡是在某一节物理课后，老师戴副小圆眼镜，矮矮的，那节课是讲沸点。大概是找到了很好的

例子，她的眼睛笑出了弯弯的弧度，问我们为什么温泉里煮的鸡蛋是从蛋黄开始熟的，知道的同学举手。当我还在纳闷物理课为啥要讲“玄学”的时候，那位什么都知道的何同学站了起来，说出了那句颠覆我整个童年的话：“蛋黄的沸点是 60℃，蛋清的沸点是 70℃，而温泉水的温度在 65℃左右。”所以……温泉蛋不是仙蛋。

到现在，我妈泡汤的时候还老是说起这事，说我有一年不知道犯了什么邪乎，不愿意去温泉玩了，甚至拒绝了亲戚、邻居、同学等所有汤友的邀约，问了我好久才知道，原来是在生蛋的气，怪它不是仙蛋。后来怎么好的呢？

我妈一句话，就让我想通了！

什么话？

多亏你小时候老往温泉跑。

此话怎讲？

你看你现在，长得多水灵，跟仙女儿似的！没白泡！

有钱又有气质，怎么做到的

东海温泉大酒店，这家在众酒店中被我意外“临幸”的Hotel（酒店），简直是俄罗斯套娃和钻石扭蛋的结合体，惊喜一拨接着一拨。

顶着县城的大名，名字敢叫得这么简单直白的，怎么都有种官方发言人的气势。一进门，果不其然，迎面就是一块巨大的白水晶，八马奔腾的壮观景象任谁都要撇上两眼，内心还忍不住问一句：“这得多少人民币啊？”

还没回过神，随即映入眼帘的便是比五星级酒店大厅还要大四五倍的大厅、整面的落地窗和挂在头顶上方熠熠生辉的硕大的水晶吊灯。如此富丽堂皇的装修，瞬间给人一种闯入皇家贵族之地的感觉，把我给兴奋得！

我们订的房间是含温泉的，室内温泉和室外温泉连通，男女分浴。为了维护“摇摇欲坠”的安全感，我等保守党始终没敢去体验室外温泉。不

过，室内的设计也着实吸引我：粗壮的红木大桩和金锁形状的汤池，一下子让人梦回唐朝，眼前忽然浮现出杨贵妃端坐在华清池内沐浴的景象，隐约还能看见她莲藕般白嫩光润的肌肤……哎哟，我小脸红了。

酒店有条古典建筑风格的长廊，连接着几乎所有带编号的楼。一旁小桥、流水、凉亭，苏式园林的经典元素这里都有，可谓格外雅致。泡完温泉，脚劲十足，莫名就走到了人烟稀少的神秘小别墅前。在我们第 N 次伸长了脖子向里望时，住客甚是热情地邀我们进去参观一番。这一看，不得了！

进门后的玻璃走廊仙气十足，大片大片的落地玻璃墙上蒙了层薄薄的白色细纱，风一吹，如梦如幻，有种神仙姐姐下凡的错觉。别墅内厨房、餐厅、独立汤池一应俱全。大空间的客厅里摆放着皇冠式的蓝色丝绒沙发，配上大理石地板和图腾地毯，内敛却奢华十足。一瞬间，像是误闯入了《金粉世家》中金燕西的家，民国上流社会的小洋房气质尽显无余。房间自带书房，一张宽敞的书桌加上一排摆放着各类书籍和瓷瓶的书柜，往那儿一坐，你说会不会也有金燕西那深邃的眼眸里数不尽的才情？

啧，老板到底是什么“神仙审美”，竟能将皇室风、园林风和民国风融为一体，造出如此有钱又有气质的酒店！

TIPS

东海温泉大酒店，2017 年才开始全面营业。环境一流，拥有 4 个纯天然室内和室外汤池。

酒店同时拥有游泳馆、台球室、棋牌室、KTV、健身房、乒乓球室、桑拿按摩室和能容纳 300 人的会议中心，还设有米奇、冰雪奇缘等主题亲子房间，怕是玩上一整天也不会闷！

“九球天后”潘晓婷和“中国版 Lady Gaga”吴莫愁都曾入住过这家酒店。运气好，你也能转角遇明星哦！

地址：东海温泉旅游度假区汤姑西路 99 号

泡汤，我们是认真的

古代皇帝追姑娘惯用三大招数：破格晋位分、用花椒涂墙和带去行宫泡温泉。其套路之雷同简直超乎想象。大约，都是从同一本《皇家恋爱宝典》里学到的。在这三大套路之中，晋位分和椒房之宠是做在明面上的，意思就是昭告后宫：这姑娘是朕的新宠，你们没事别去惹她。唯有在温泉池中，皇帝才能和姑娘拥有片刻相对私密的静好时光。

说到温泉，必定绕不过杨玉环——“侍儿扶起娇无力，始是新承恩泽时”，这场景，想想都觉得脸红。飞燕、合德之流就更不必说。纵使睿智机敏如甄嬛，也是被皇帝带去泡了个汤，就感动得稀里哗啦，以身相许。估摸着，温泉热汤的确对人体有刺激兴奋的功效，要不然，为何套路如此“简单粗暴”却屡试不爽？

不过，**画梁春尽落香尘，君恩反复，君情凉薄，远远不及那一池热汤来得实在。**当然，蹚过男人河的甄嬛是个例外。

不得不感叹，还是我们当代女青年的幸福指数比较高，既不用委曲求全，也不用献媚邀宠。

作为一个东海姑娘，毫不夸张地说，我是从小在温泉池里泡大的。不过，之所以如此任性，并不是因为我家里“有矿”，而是得益于我们东海得天独厚的温泉资源。说起来，东海的温泉自古闻名，每到暮春三月，杨柳飞花之时，男女老少就会车载步行，纷纷赶往温泉沐浴，希望可以借温泉池水美容养颜、改善体质。那场面，可真是壮观！

不过，泡温泉成为一项全民运动，这对于很多比较羞涩的小姑娘来说，就是一场“灾难”了。于是，隐私性极好的江南私家园林式温泉——小松原，就成了她们泡汤的首选。小松原整体采用江南园林式格局，每一户别墅都是独立的小园林，园林中有庭院温泉泡池和室内 SPA 泡池，特别适合蜜月旅行。毕竟，温泉的独特“魔力”没人抵抗得了。

小松原温泉是东海最早开发的温泉酒店之一。温泉出水温度约为 82℃，水质特优，富含 32 种矿物质，对人体关节、皮肤、肌肉和神经等都有调理的功效。酒店有园林风格、日式风格等多个温泉泡池，每一个都独具特色，让人泡而忘返。

地址：东海温泉旅游度假区东海汤姑路 6 号

有什么烦恼是一次泡汤解决不了的？那就多泡几次！

过年泡汤，那是东海人的必修课。一家老老少少，必定得起个大早，先上羽山拜神，祈求新的一年风调雨水，家人平安喜乐。当然，新年登高，也为讨个好口彩。从羽山下来，大家便会相约前去泡汤。

你看，别的地方辞旧迎新是泡澡，到了东海就是泡汤，满满的高级感。只能说老天爷特别偏爱东海这块土地，这里不仅产水晶，还有温泉水。怪不得连人家徐霞客都说，“不慕天池鸟，甘做温泉人”。

与冬天泡温泉相比，在夏季夜泡温泉才是我泡汤的“打开方式”。不要觉得天热泡温泉会中暑，其实夏天泡温泉恰恰是一种绝佳的解暑降温的活动。浸泡在温热的温泉里，毛孔会很快张开，有利于身体里淤积的内火释放。通过反复的浸泡，就像吃了薄荷糖，可以完全消除身体内的闷热。

与身体的感受相比，心灵的放空则更让人神往。夏夜里选择一个喜欢的露天泡池，没有白天的炎热和拥挤，唯有星空为幕，晚风作陪，温泉水浸

泡身体，所有尘世的烦恼便陡然而落，整个人消入宁静的夏夜。最爱的就是这家，颐家露天温泉。他们家的室外泡池很有特色，有菊花浴、红酒浴、灵芝浴和各种药草浴之类的共 28 个之多。这里的温泉池普遍都在 40℃左右，温度比较高，泡一会儿就开始出汗。泉水含有多种对人体有益的矿物质和微量元素，既可以浴疗又可以饮疗。当然，不是让你边泡边喝（画面太美，不敢想），他们家在室外设了一个专门的温泉水饮用区，给客人免费饮用。

有时候，“一无所有”的状态下，也并不一定就是不快乐的。一池泉水相拥，一天星月相伴，这样的时刻，才是什么都不用挂在心上的自由时刻。

人在天地间，干净来去，大妙。

温泉镇上可供选择的温泉实在是太多了。**颐家露天温泉**独具特色，值得一泡。

这里夏天和春节期间还会开放温泉游泳池，很适合带小朋友玩。当然，你要是觉得和大家一起泡不自在，那这里的私汤别墅也是不错的选择。

地址：东海温泉旅游度假区泳馆路 3 号

东海温泉1日游

上午 温泉水文化展示馆、汤姑广场

午饭：西施煎饼

★温泉广场内，早点排队

下午 入住温泉酒店

东海温泉大酒店、小松原温泉酒店

颐家露天温泉酒店

泡澡咯！

如果觉得泡温泉的时间有点长了，
你也可以从池子里爬出来，去周边晃晃。
草莓采摘、蓝莓采摘等丰富的乡村游全都在不远处。

晚上 吃

吃饱喝足再回酒店感受下夜泡的乐趣，
此时泡露天池子特别惬意，
毕竟夜色迷离，宽衣解带，令人遐想无限。

—烤牌

伍 新城市表情

西双湖有过恋人的憧憬，
也有过离人的失落；
南堤边细雨飞扬，
油纸伞撑开了邂逅，
月色依旧朦胧。

她是东海风情万种的眼

你有没有因为一双眼睛爱上一个人？看她巧笑倩兮，美目盼兮；看她深沉如夜，明朗如星，一眼便是千年。西双湖，就是东海的一双眼睛，波光千顷，含情脉脉，漾荡着“晶都”青春勃发的光彩。

东海有“百湖之县”之称，大大小小的水库和湖泊不计其数，其中以西双湖最负盛名。西双湖流传着一个美丽的传说。据说水晶仙子游玩之时，头上一颗珠子不慎坠落此地，砸出一个大坑，因此成湖，湖底方圆几十公里的地下蕴藏着极为丰富的水晶，这让西双湖更增添了些许神秘的色彩。

传说只是寄托了人们美好的期许。事实上，这块充满灵气的水域是东海人一镐一锨、手抬肩扛挖出来的人工湖。旱时白茫茫，涝时水汪汪。东海历史上洪涝灾害频发，20 世纪 50 年代，东海人分区圈圩，建站蓄洪，几经努力，治住水患，这是当时非常重要的水利工程。两湖中分南北，一桥横跨东西，又处于县城西面，“西双湖”这个名字便因此而来。

行过许多地方的桥，看过许多地方的湖，直到站在水晶塔上，看不远处天水相接、湖岛相拥，突然发现，迷恋的还是这一泓绿水。没有欣赏过西双湖的美景，是种怎样的遗憾?

西双湖之美，美在错落。两湖中分南北而居，一桥横跨东西。南湖浅些，是柔和淡泊的江南女子。其湿地飞鸟栖息，渚岛绿树成荫，而影影绰绰的湖心小岛难免让人浮想联翩。北湖深些，带着北国女儿的神韵。水上健儿们常在这里竞技，船桨划过，荡起一丝倔强的波纹。

西双湖之美，美在四时。西双湖的每个景点，都有个文艺得不能再文艺的名字，风情万种地串起了这里的一年四季。春赏“清韵流芳”，

百花洲的花好像一夜之间开了，花瓣在春风里飘摇，像漫天飞舞的精灵，这是烂漫的西双湖。夏观“十里荷香”，“叶上初阳干宿雨，水面清圆，一一风荷举”，这是活泼的西双湖。秋点“七潭印月”，清风送爽的晚上，七座石塔灯光开启，小小的月亮倒映在湖面随波闪耀，这是温柔的西双湖。冬听“芦花唱晚”，寒水如碧，茫茫湿地芦花似雪，渔唱已不知何处，这是多情的西双湖。

西双湖之美，美在一种闲庭信步的生活气质，那是一种亲切的舒服的让人无法抗拒的气质。和琐碎的生活、奔忙的工作做一下短暂的告别，来一场晨跑，来一晚广场舞，相约一次徒步或骑行，西双湖就像一个超大的后花园，收容着那些有意无意的逃离，云淡风轻地送上温暖的拥抱。

我承认，我迷恋这双眼睛。

TIPS

西双湖景区位于东海县城西部，是国家4A级景区、国家级湿地公园，也是集文化旅游、休闲娱乐、商务服务、生态住宅于一体的湖滨新城中心。景区向市民、游客免费开放，其中南湖以湿地生态为主，北湖以运动休闲为主。

西双湖景区建有“晶塔朝晖”“虹桥卧波”“苍梧听风”“芦花唱晚”“七潭印月”等多个景点，各有特色。其中水晶塔为景区的标志性建筑，总高度58米，设观光电梯及外观平台，“晶塔朝晖”堪称“水晶之都”的名片。

开放时间：全天（节假日正常开放）

每一片绿，都是幸福的另一种表白。

龙舟竞渡

“中国·东海世界名校龙舟赛”已连续举办了两届。龙舟赛于每年端午节期间在西双湖景区举办，来自国内12所名校的学霸们在为期两天的比赛中上演着一场场精彩的龙舟竞渡。除了龙舟赛之外，还有水上飞人、摩托艇表演等一系列紧张刺激的水上运动。

东海人花在水上的心思，白鹭最懂了

当星辰逐渐睡去，东海上空的苍蓝中透着淡淡晨晖，西双湖依然寂静无声。盛夏的燥热已经褪去大半，这都要感谢夜里绵绵不绝的细雨。空气中水汽与草香混杂，这是夏季特有的味道。

一只白鹭从碧波的怀里睁开带着睡意的眼眸，试着拍打了一下洁白的羽翼。东方的那丝微亮就像混沌中的明灯，吸引它振翅前行。**它是西双湖里数百只白鹭中的一只，黎明前巡视湖面是它每天的固定节目**。

从西边植被繁茂的湿地往东飞，能很清楚地搞明白西双湖名字的意义。一桥横跨东西，两湖中分南北。早在 1958 年，东海县为了解决洪涝灾害和县城人民吃水问题，开挖出了这个人工湖。但随后湖边建起了砖窑厂、养殖场，西双湖的一汪碧水不再清澈。2007 年以来，东海人用了十几年时间，砸了 6 亿多元用来治理，终于有了不一样的局面。

白鹭掠过长堤，一个拉升之后，

纤细的双脚站到了水晶塔的顶沿。它正对着的十七孔景观桥上，有些稀疏的人影，那是早起的晨练者。白鹭略加停顿，一头往北湖的方向优美地俯冲。北湖幽深而寂静，似乎还在努力回忆方才被打破的美梦。白鹭贴着水面划出一道涟漪，前面是百合园。虽说早已过了百合绽放的时节，但记忆里绽放时的盛景，让它似乎嗅到了一丝淡雅芬芳，却又无处追寻。

从百合园再往西南，是西双湖的湿地公园，也是白鹭和其他鸟儿们最钟情的地方。撇开众多同类不谈，这里时常能遇见成群结队的野鸭、栖息在莲叶上的青蛙，以及草丛间影影绰绰的小动物。

说这里是动植物的王国一点也不夸张，甚至还有远道而来的“客人”。白鹭就曾经见过成群结队的陌生鸟类来西双湖过冬。也不记得是哪一年开始的，反正它们每年冬天都会来，待到春天就会离开。对此，其他动物也没啥意见，毕竟湖面那么大，再多来点也够吃。

太阳渐渐露出脑袋，阳光铺满了整个湖面，湖光闪烁着新生的光彩。白鹭选了南湖的一处高枝歇脚。南堤下成片的荷花在微风中摇曳，堤岸上的人渐渐多了起来，东海人的一天开始了。

TIPS

西双湖继 2013 年成为省级湿地公园后，2016 年底又成为国家级湿地公园。这里还是东海县城“活水润城”的水源地，上游补充进湖区的水经西双湖水生植物净化后水质达到Ⅱ类。据介绍，湖区有 40 余种鸟类、8 种兽类、12 种两栖类、8 种爬行类，鱼类达到 56 种，各类植物近百种。

南堤挠动了我的心

钱锺书说，婚姻是一座围城，城外的人想进去，城里的人想出来。对于我们来说，城市何尝不是这样一座围城，小时候想进去，长大了想出来。

小时候家在农村，记忆里，盼着进城就像盼着过年一样，每年仅有的那么一两次，能令人兴奋上好一阵子。把最好看的新衣服穿上，把平时不舍得拿出来的头花戴上，屁颠屁颠地跟在父母身后，挤上嘈杂的公共汽车，一颗心早就飞到了迷宫一样的海陵商场，飞到了那些花花绿绿的衣服和玩具上。车子摇摇摆摆地穿过南堤，县城就不远了。我总喜欢趴在窗口，看幽深的湖水和湖岸边参天大树飞快地后撤，还有来往的车辆、陌生而新鲜的人流，那样子一定像极了刚进大观园的刘姥姥。

毕业后我真的进了城，在城市里“朝九晚五”，在城市里安家落户，眼看着楼越来越高，路越来越宽，到处车水马龙，一颗心却越发向往故乡田野间的野趣。想念金黄的麦场，多少回和小伙伴捉迷藏，傻傻躲进麦垛里，直到月亮上来，被父母提着棍子喊回家吃饭。想念微风与虫鸣交织的夏夜，

一条凉席一把蒲扇，和左邻右舍围在街上聊着东家长西家短，嬉笑声不时传出好远。日子简单，却对它有种说不清道不明的留恋。

于是，南堤又像一条通往回忆的走廊，成为我和故乡的精神纽带。当年的法桐树如今更加枝繁叶茂，盛夏时分浓荫遮日，形成了一片天然的纳凉避暑地，漫步其间如行画中。情人们爱来约会散步，有美景映衬更显浓情蜜意。老人们爱约上几个老友，在树荫下玩上几局棋，很是惬意。更多的是全家总动员，铺一块野餐垫谈天说地，一旁欢脱的宝宝边闹边笑，空气里都是浓得化不开的温柔。胆大调皮的年轻人们就一定会选择晚上来探险，提着手电捉姐儿猴，到水沟里逮龙虾，任汗水扑簌簌落在晚风里，脸上带着久违的孩子气。

我期望在某一次的梦里，穿过南堤，走向城市的另一头，回到那个再也回不去的地方。

TIPS

南堤东西长3.2公里，是开挖西双湖筑成的沿岸大堤，也是东海如今保存最好的一条大堤。为了纪念老县长朱群带领全县人民开湖筑堤，造福于民的事迹，大家又把南堤亲切地称为“朱公堤”。

沿堤两侧有6000余棵法桐树，皆是筑堤当年所种，西双湖景区的重要景点“苍梧听风”就在这里。昔年种树，沿湖依依；树已苍苍，人去如烟；听风怀人，感恩满满。行走在此，欣赏到的不仅是湖光山色，更是一份对为民造福者的深深敬意和怀念。

只想当一个沉迷于你美色的“花痴”

人呢，大抵都有颗矫情又不屈服的心。作为一个活了快三十岁连一场恋爱都没谈过的“母胎solo”(单身人士)，常年挂着月光石，揣着粉晶手链，口里念叨着“随缘随缘”，心里谁还不有点小鹿乱撞、春心萌动呢？打着多少沾点“百年好合”喜气的小九九，我硬是大步流星凑起了百合园的热闹。

大名鼎鼎的西双湖景区的活招牌，心安理得地占据北湖的最前排，不是“C位”胜似“C位”。称之为“园”，牌面却着实有点大。三个从小到大的小岛依次紧挨着，岛上成片成片白的粉的黄的绿的……像是个漂浮在水中的巨型什锦糖葫芦，只一口，就能尝尽全世界245种百合花！这么大的便宜，任谁也忍不住要上去瞧两眼！

不过，这号称“华东地区第一大”

的百合主题公园，还真不是随随便便就能去逛的。一年 365 天，她只开放一个月，顶多再友情赠送七八天。你定要问，那剩下的日子干啥呢？保养呗！毕竟美人哪能天天见啊，见一次就够惦记一年的了！

走过十七孔桥，右拐向前，一杯奶茶钱，就能进园子随便逛啦。大概是地大“任性”，偌大的人流，完全不会觉得挤。纯洁素雅的白百合、带着紫黑色斑纹的虎皮百合、粉白相间的鹿子百合……还有好多识不得的。行走在这巨大的百合迷宫中，我忍不住对那些千奇百怪的“奇葩”百合看了又看。噗，你说要是让学园艺的，得把这园内的百合都认全才给毕业证书，会不会逼疯一批又一批单纯青涩的学霸啊？

正琢磨着，鼻尖忽而涌来一股奇香，就像是一头扎进了冒着气泡的蜜桃鸡尾酒中。空气中这奇香愈发浓烈，眼前的花儿化成一个个身姿摇曳的可人儿，衣袂翩翩，眉目传情，美得让人挪不动脚。定睛一看，这不是狐尾百合嘛！赶紧抓起相机“取证”，这可是甄嬛用来让安陵容彻底“出局”的重要“武器”！

“去看荷兰风车啦！”耳边忽然飘过孩子兴奋的呼声，转头却只见身后追赶的大人喋喋地叫着孩子的乳名。穿着长裙的姑娘们三步一 pose（姿势），在百合花丛中笑得格外灿烂；一对白了发的老夫妻手挽着手走来，西装革履的老爷子小心翼翼地提起老伴的白色婚纱；紧接着，又一对，又一对……嗨，看来还是逼疯我这单身人士来得快些。

不过，谁还在乎呢？初夏的风拂过那些含苞的、绽放的、张牙舞爪的生命……管他什么爱情，此时此刻，我只想当一个沉迷于百合美色的“花痴”！

TIPS

百合园位于西双湖景区北湖中间的沙洲之上，洲上广植百合、郁金香、绣球、莲花等 360 万余株花。每年的百合花季，园内都异常热闹。两年一次的花博会更是盛大。

“北有百合园，南有百花洲。”百合园休园期内，你可以去百花洲逛逛，海棠、美人梅、玉兰、桂花和樱花都有哦。

门票：30 元 / 位

开放时间：6 月初—7 月初（根据花期有小幅调整），6 月中旬是最佳游园期。

交通：观光车无法进入园内，但有共享单车可供使用。若步行游览全园，需一个多小时 。

故乡一直凝望着他的背影

他的《背影》影响了近一个世纪的中国人，至今仍在教科书里年复一年被诵读，被感悟。

他的背影已经成为中国知识分子的标杆，历经岁月磨砺，依旧高大伟岸。

在他的出生地，他的背影被塑成雕像，他的精神被镌刻成诗。他留下的一切，都被故乡人民呵护着、珍视着。

1898年的冬天，东海县平明镇，承审官朱则余的宅子里红烛高烧，全家上下笑逐颜开，喜气洋洋。一声洪亮的啼哭从房中传出，一个男婴呱呱坠地。当时没有人知道，他洪亮的声音将会在中国大地响起，并且回荡很久很久。朱则余给这个钟爱的长孙取名朱自华。

5岁那年，朱自华随父母举家南迁扬州。从小生活的家境以及家教，影响了他的一生。19岁那年考取北大后，他给自己改名朱自清，意思是勉励自己在困境中不丧志，不同流合污，廉洁正直保持清白。第二年从浦口乘火车回北京时，父亲为他买橘子时在月台爬上爬下的背影深深印在他脑海。27岁那年他写出情真意切的回忆性散文《背影》。40岁到昆明，任西南联大中国文学系主任，直到抗战胜利后才回到北京。在“反饥饿、反内战、反迫害”斗争中，他身患重病，却在《抗议美国扶日政策并拒绝领取美援面粉宣言》上签名，1948年因严重的胃病逝世，他的背影定格在50岁。他在50年的人生道路上，始终保持着一个正直的爱国知识分子的气节和情操。

从他的作品中，以及其他资料里，看不出他离乡后有没有重回过东海。他在回忆录中，也只是简略记下了这块出生地的方位。他说："我家是从先祖才到江苏东海做小官。东海就是海州，现在是陇海铁路的终点。""海州的情形我全不记得了，只对海州话还有亲热感，因为父亲的扬州话里夹着不少海州口音。"

但是故乡人民始终都在关注着他，他的文学贡献、他的文化精神、他的民族气节也一直感染着、教育着故乡人民。

TIPS

如今，在朱自清的出生地，他的故居也得以复原重建。东海平明中学里，朱自清纪念园完整展示了他的作品与生平事迹。多年来，这所中学一直致力于主题为"弘扬朱自清精神，做朱自清传人"的校园文化建设。在县城的水晶公园，还建有朱自清文学馆、朱自清文化园等，东海县还将两所学校分别命名为"朱自清小学"和"朱自清中学"。当地还成立了朱自清文化研究会、设立了朱自清小荷散文奖，每年举办朱自清美文夏夜朗读会、朱自清作品主题诗意版画大赛等活动。

拒绝风花雪月，只为沧海桑田

“彦”字取自母亲“颜”姓的一半，而“涵”字则代表有学问的人，相比本名刘宝森，用作笔名的“彦涵”更被大家所熟知——这个名字在中国现代美术史中有着浓墨重彩的一笔。

当年还在国立杭州艺专上学的刘宝森，听到潜伏在舅舅家中的地下党员陈佛生的忠告“你不要去画风花雪月，而要去画沧海桑田”时，其实是不理解的。直到后来经历了太行山血与火的残酷斗争，他才明白所谓“沧海桑田”就是时代的巨变。他也将那句话一直坚守到生命的终结。

投身革命是彦涵人生中的转折点。后来在巴黎与分别了50年的老同学朱德群重逢时，彦涵说：“我并没有后悔。你在法国有你的成就，我在国内有我的价值。”彦涵将一生都献给了版画，他曾

经说过，**画画实际上就是在画思想**。在他的作品中，我们可以看到壮丽辽阔的祖国。

如果非要选取一个画面作为彦涵的艺术成就的代表，人民英雄纪念碑正面的浮雕《胜利渡长江》便是最佳的选择。当年人民英雄纪念碑奠基以后，大家打算在四周饰以百年斗争题材的浮雕。美术创作组组长考虑到彦涵具有长期革命经历，特别指定彦涵来设计。

巴黎是艺术家的殿堂，也是彦涵从青年时代起的梦想之地。彦涵曾带着“彦涵画展”在巴黎待了一个多月。在这一个多月的时间里，彦涵白天参观各大博物馆，夜间便坐在房间的地板上以草图的形式记录日间的灵感。虽身处法国，彦涵所画的草图却是中国题材。回国前一天，彦涵专程去到巴黎美院参观。在学校“英烈墙”前，彦涵看着墙壁上镌刻的两次世界大战中牺牲的师生名录时，无限感慨：“作为一个艺术家，首先他要爱国！”

TIPS

水晶、温泉、版画是东海三大特色，而提到版画，彦涵是绕不过去的。他是东海人，中国著名版画家、教育家。毫不夸张地说，他不仅让东海的版画被全国所认可，更是推动了中国现代美术的发展。

彦涵纪念馆在东海少儿版画馆隔壁，展示了彦涵传奇的一生。除周一闭馆外常年开放，免费。

“别人家的孩子”都在这

小时候老妈一直把我朝着淑女的方向打造，琴棋书画齐上阵，可结果并不尽如人意。小提琴学了几年就半途而废，如今只能用拉大锯般的调调勉强奏出一首《小星星》。较为擅长的五子棋最终成了上课时和同桌开小差的游戏而就此荒废。书就更别提了，等你读完这文章，就知道我为啥沦落到写情调的稿子（老板正抡起大锤）。在这四个技能里面，我唯一能说得上两句的，可能就是画吧（简直就是恬不知耻）！

好吧，其实我不会画画。但是，没有画画的天赋，不代表没有鉴赏的能力。**有位大师和我说，你觉得好看，那就是好画**，要相信自己的直觉，要肯定大众的审美。

第一次欣赏版画展览，是在东海的少儿版画中心，这里不仅可以看版画还可以学版画。我的版画艺术鉴赏课就从这里开始。

版画这门艺术，似乎比其他画画门类对创作者的要求更高。脑袋里的天马行空只是第一步，画完了还需要手眼协调的技艺，要把画面一刀刀地刻出来。然后还要经过上色、压板等多道工序，才能最终完成一幅版画。既要有想象力去创作，也需要逻辑思维能力去制作，这难度不亚于成功完成一张文理科混搭的高考试卷。但在这里，版画却在一群小孩子的手里被玩转得游刃有余。

在东海，随便找个幼儿园的小朋友，都可以头头是道地和你说说版画的艺术。他们 4 岁开始就跟着大师学版画，成为那个令人羡慕的“别人家的孩子”；5 岁就熟知制作工艺，能独立完成一幅版画；6 岁，他们的作品就被挂在墙上，参加全国少儿版画的双年展了。

那些让我叹为观止的版画都从这里的一张吹塑板、一支铅笔开始。作品里也没有什么恢宏的场景，不过只是孩子们眼里的点滴趣事。比如掉了颗门牙的自画像，比如课间活动的打闹游戏，比如梦中的仙境世界……简单寻常。

但所谓艺术的最高境界，应该就是这样没有着色的一颗童心吧！

TIPS

东海少儿版画中心开馆于 2014 年，作为版画活动基地，这里集纳了东海青少年在全国乃至国际版画艺术领域获得佳绩的作品。中心图文并茂地介绍了版画的起源、历史以及在东海的辉煌发展。中心楼下是版画展，楼上是学习版画的工作室。小朋友从幼儿园开始就可以在中心接受到专业的版画制作培训。当然最厉害的是，东海知名的版画大师在这里都有工作室，说不定哪天他们就走进教室里，给你上起了课。

她刀下的东海，一眼万年

说朱汉云、曹明凤夫妇是东海的一张名片应不为过，说是连云港最有名的艺术家伉俪不知会不会有异议。二人琴瑟和鸣，共同醉心于版画世界，在传承、弘扬彦涵版画艺术的同时，也撑起了当代东海版画的一片天空。

我第一次看见曹明凤的版画时，就被那画面深深震撼。我从她的画作里，看到了她的感情，也看到了这对夫妇对这项艺术的热爱。

那幅作品叫《豆香时节》。她用了整整半天的时间，伏在豆荚地里，仰视豆荚生长的高度，用大地的视角去观察万物生长的灵性。画中闪耀着金光的豆荚叶扑面而来，将藤蔓的缠绕刻画出光影的深浅，自然的随性和本真就该是这样的吧。

作为一个土生土长的东海人，曹老师作品的主题大都是家乡。

西双湖在她的刀下就是一片璀璨的金黄，远处的水晶塔和南堤映衬在深蓝色的夜色里，和近处错落有致的建筑相呼应。温泉小镇最美的时节也被她刻画得淋漓尽致——覆盖在屋顶上的雪皑皑如月光，宁静祥和。我以

忘，寥寥数笔就勾勒出说不清道不明的熟悉感。

如果有机会，你一定要去曹老师的工作室坐坐，这个喜欢骑着摩托车到处跑的小姐姐心里一定住了位“小公举”。半瓶红酒下肚，她会将自己还未全部发布的《秋水无声》系列一张张拿出来，滔滔不绝地讲每幅画背后的故事。

当然，碰巧还能遇到男主人在家，那肯定得喝几杯他家乡的桃林酒了。

为这就该是东海最美的景了，曹老师却说，远远不止。

东海的宝都在她的微观世界里，更多的是她刀下那些不为人知的野趣。或是秋天里蔷薇河边的白杨树，或是水库边满是淤泥的小野塘，或是大贤庄遗址里的乱石堆。她总爱寻找那些平凡的小景，几根芦苇秆，几株百合花，几只老酒缸，浮光掠影中却总能让看画的人念念不

TIPS

朱汉云、曹明凤夫妇比翼双飞，在版画艺术上取得了骄人的成就。曹明凤的版画作品拿过首届中国美术奖的银奖（金奖空缺），她在全国各地甚至是欧洲都办过个展，不过她最重要的身份还是东海少儿版画中心的老师。夫妻二人把工作室安在了家乡，在他们的艺术世界里讲东海的寻常故事。

在那纸上王国里，有个北上的小少年

TIPS

徐则臣，1978 年生于江苏东海，毕业于北京大学中文系，现为《人民文学》副主编。著有《北上》《耶路撒冷》《王城如海》《跑步穿过中关村》等多部作品，多次荣获文学大奖。《如果大雪封门》荣获第六届鲁迅文学奖短篇小说奖。2014 年，凭借《耶路撒冷》获得第五届老舍文学奖，并在 2015 年提名第九届茅盾文学奖。2019 年 8 月，凭借《北上》获得第十届茅盾文学奖。

2019 年，他在家乡开设了自己的工作室。

少年北上。

火车行进在漆黑的夜里，晃晃荡荡。身后的故乡渐行渐远。他曾在这座苏北温馨的小城里度过了最无忧无虑的时光，摸鱼、偷瓜、割草、放牛、读书、写字。日子无边无际，未知的未来浩浩渺渺。

要过怎样的生活呢？要如何才能找到探究自我和世界的方式呢？他还没有答案，只知道一路向北。

年轻的他，跑步穿过花街、燕园、中关村……像一位勇士，从未停下脚步。**那一腔饱满的关于书写的热情，是心里不灭的灯火**。

他开始用文字建构自己的王国。朴实而厚道的乡人，一起远游的小伙伴，身边被忽视的小人物，化作他笔下一个个生动的角色。他喜欢贴着人物写，贴着他们的命运写，写他们义无反顾的远行，写他们与生活的较量，写他们骨子里的坚韧。或许，那其实是他自己的若干个影子。

他热爱水，说不清，道不明。上初中的时候学校门口就是石安运河，后来到淮安，到北京，都与运河牵牵绊绊。很久以前他就想，要把命运里的运河写下来，把这条改变了中国人命运的河展现给更多人看。为了还原那个久远的朝代，为了建构与当下更贴切的故事，他在故纸里找寻历史的细节，他在现实里走访运河的遗迹，用一个“文字匠人”的执着编织着一幅纵横古今的运河长卷。

二十多年，倏忽而逝，打磨出书架上一本本书，少年的名字被镌刻其上——徐则臣。

有人说他是文学创作领域里的“王宝强”，在高手云集的文学圈里摸爬滚打，终于闯出一片天地。有人说他是“70后”作家里的旗帜，大步迈入文学的至高殿堂，把一个个重要的奖项收入囊中。他说哪有什么天才，自己不过是稳扎稳打，认真地写，认真地看。

写作何尝不是一项苦差事，一个人，一支笔，几页纸，于时间的荒野里点一星火。写作又何尝不是一件幸福的事，唯有你，也只有你，是创造世界的主，驾驭脑海里的千字万句。

当第十届茅盾文学奖结果公布后，更多的人知道了徐则臣的名字，传颂着他励志的故事。原来是他，应该是他！

而他步履不停，早已开始了下一段故事。

东海好人馆

参观东海好人馆，好比上一堂立体的思想品德课。你能在温泉特色的助人为乐展区，听到“全国优秀志愿者”樊振投资300多万元创办公益图书馆的事迹；在水晶切割造型的敬业奉献展区，看到“全国最美养路工”任同昌设计的养路界“四大发明”；在模拟的救火现场，致敬消防勇士陈帅的“最美逆行”……

忠孝仁义，其源久矣。好人涌现，其善扬矣。东海好人馆分为“序厅”“厚德载物，源远流长”“德润晶都，见贤思齐”“崇德尚善，善流涌现”四个部分，展示东海历代乡贤人物、新时代道德模范、身边好人等有影响的先进典型。

在好人馆三楼，有一面由道德模范代表组成的笑脸墙，他们的眼中有光、心中有爱，温暖而坚定。

开放时间：周一闭馆，周二至周五接受团队电话预约，周六、周日开放。开放时间为上午8:30—12:00，下午2:30—5:30，法定节假日不休息。

地址：东海县振兴北路98号 **电话**：0518-87800848

陆

在希望的田野上

那一树的嫣红，
是春说的一句话；
那累累的果实，
是夏弯了一下腰；
那蜿蜒的稻浪，
是秋来过的车辙；
那袅袅的炊烟，
是冬在勾勒丰年。

种地？
一碟坐在电脑前动动手指的小菜！

东海人历史上吃过不少苦头。

由于地处华北平原东部边缘，在沂、泗、沭水系的下游，旱季时缺水，雨季时又是洪水的天然走廊，水像乌云般牢牢笼罩在东海人的心头。

史书曾记载："州为尾闾，湖河所汇，漫溢为患，十岁而九。"连年的洪水让种地成了"赌博"游戏，谁也不知道春种一粒粟，秋天能不能收获一颗子。

农业是看天吃饭的，但绝不是等着天上掉下什么神秘配方。开沟修渠，挖水库筑水坝，东海人在新中国成立后开始了新一轮艰苦卓绝的探索。兴修水利，发展农业的第一步。接下来，便是因地制宜种植各种农作物。东海地势西高东低：西部丘陵把花生和果园妥妥安排上；东部平原则耕种水稻和小麦，风吹稻香，沃野千里。

七十年过去了，那个戴着草帽在烈日下锄草的农民摇身一变，坐在电脑前操作按钮即可控制温度、湿度，定时定点为作物宝宝们提供最全面的照料服务。植物喝水、呼吸空气，难免生病。别急，几百公里之外南京、上海的“专家门诊”随时接受求助，打开手机就能看到病灶位置实时图像，还是高清的。

就这样，东海成为了全国重要的粮油基地。西红柿、大米、老淮猪肉、黄川草莓、石梁河葡萄、双店百合花……**这些挂着金字招牌的农产品自带高光**，在外乡人看来尤为珍贵，但却早已是东海人生活的日常之物。

TIPS

近年来，东海县因地制宜探索现代化高效农业发展新模式，在西双湖西侧规划建设了**东海国际农业高新技术产业示范区**，作为创建国家级农业经济技术开发区的重要组成部分。园区先后引进东海智慧农业展示示范园、四季果园、瑞德火龙果等项目，对促进产业集聚、企业集群发展起到引领辐射、带动作用。

鲜花小镇的花房秘密

滴，答。

一滴温热的水滴，不偏不倚地砸进了卡萨布兰卡六瓣形的白色“大房子”里，顺着月牙般的弧形滑溜地从那小波浪状的花瓣尖滚进洁白无瑕的花瓣肚中，在丝绒般触感的“白床单”上留下一道淡淡的水痕。

“这香水百合好看吧？闻闻，还很香呢！”一位阿婆麻利地捡出两枝递到我鼻尖。

这是第一次这么近距离地观察一朵香水百合。除了花柱上零星的几点绯红，再无一抹色彩，她就这样一袭白色长裙，带着幽香挑逗着我的神经。这曾长在喜马拉雅山区的高傲女王，如今竟在这里被大面积种植，着实不可思议。

只是，除了我手上这两枝开得极盛的，阿婆们打包起来的都是含苞待放的。“这你就不懂了吧。含苞的

才金贵，花开了就不值钱啦！”老板玩笑般地取笑了我一番，他打字的手却是一刻不停，准是又在谈哪笔大生意呢！

大棚里，总有花农进进出出。往棚里瞧去，深冬的阳光下，是一片一望无际的绿海，分不清哪是花哪是叶，只有阿婆们穿着红色的、黄色的、条纹的毛衣穿梭在这层层绿海中。

这是双店镇北沟村的鲜切花产业园，像这样的温室大棚，这里还有很多很多。每一个棚的入口都有一小间几平方米的小工作坊，几位阿婆坐在小板凳上打包刚刚摘下的鲜切花，随口聊上几句家长里短。再里面，就是藏着各种宝贝的鲜花大棚了。除了香水百合，各种稀奇的、连名字都念不清的百合这里都有。自然也少不了非洲菊、郁金香、彩色马蹄莲等等。反正在这儿，有一年四季摘不完的花儿。

如今，这双店镇，除了北沟村，周边种鲜切花的村子越来越多，三铺村也成了其中规模宏大的新兴力量。村里种田的都改种花了，外出打工的也都陆续回来了，双店镇“鲜花小镇”的名号也越来越响，大上海70%的百合花都是来自这里，你说厉不厉害？

老辈们都这么努力了，镇上的小辈们也开始发挥他们的优势，做起了电商，搞起直播卖花球。别说，我就是看了鲜花小镇代言人“乡村小乔”的直播，慕名而来的！于是乎，这个大名鼎鼎的“中国鲜切花第一镇”又镀了一层金——著名的鲜切花“淘宝镇”。

不过，撇去那些了不起的标签，

花农们还是一年如一日，在上午十点或是下午三点钟的光景，开始他们一天的采摘。每天他们看着那些柔软缱绻的花瓣，闻着淡淡的芬芳，晒着透过层层白色塑膜倾斜下的阳光。

忽然就好想在这里，当一天花农采一天花。

TIPS

目前，双店镇的百合品种已突破200个，成为全国“品种最多、品种最优、品种最全”的百合花种植基地。为了便于保存、运输，双店镇的鲜切花都是含苞售卖给批发商或是花店的，主要销往江浙沪地区，并不零售。

若你想看看盛放的鲜切花，可以去县城西双湖景区的百合园，那里的百合及许多其他鲜花都来自双店镇，每年六、七月都会有盛大的花事。

黄川草莓甜，比初恋还甜

你和她，做过最浪漫的事是什么？

是手牵手走在暑热逐渐退散的夜色中，是追逐着奔跑在海浪轻拍的沙滩上，还是拥着她的肩漫步在冬日雪花纷飞的街头？

我能想到最浪漫的事，是带她去黄川，让她做回香香甜甜的草莓姑娘。

人们总爱把草莓和爱情联系在一起，美其名曰“情人果”。的确，心一样的形状，热烈的色彩，精致得闪闪发光，轻轻咬下去，酸酸甜甜的味道挑逗着整个味蕾，像极了初恋的感觉。

每年冬天第一场雪降临的时候，黄川的3万多亩草莓大棚也开始热闹起来。少女心满满的“吃货”们无论如何也抵挡不了草莓的诱惑。一走进大棚，空气中弥漫的香甜让人彻底沦陷，红艳艳的草莓和绿油油的叶子透着春天的气息，好像把萧索的冬天也撕开了一道口子。迫不及待要上手了？慢着，它们可是娇情又娇气的“小情人”，下手得轻，拿捏得到位。如果棚里提供小剪刀就更完美了，看上哪颗就剪哪颗，保准一会

儿工夫小篮子里就满满当当。

黄川的草莓尤其甜，吃过的人都说，比初恋还甜！新鲜采摘的草莓当场就能吃，咬一口，果肉芳香柔软，口感鲜甜微酸，汁水饱满，一口一颗根本停不下来。据当地人介绍，这是因为黄川地处暖温带与亚热带的交界处，地理位置得天独厚，然后在褐潮土、沙壤土质和无污染洁净水源的孕育下，同时加上统一的标准化生产技术，草莓才有了绝佳的口感和品质。

不过这个时候可不要光顾着甩开膀子自己吃，要腾出手来，把身边的她喂饱。切记，动作要温柔，眼神要深情。还有一件顶顶要紧的事：吃不完的草莓一定要带回家，还能做草莓酱、草莓干、草莓酒……即使回去了，情调不能丢，和她随时重温这段恋爱的“莓”好时光吧！

TIPS

黄川镇位于东海县东北部。黄川草莓种植已有 40 年历史，草莓面积 3 万余亩，年产草莓鲜果 5 万余吨，是苏北鲁南地区最大的草莓交易市场。2013 年黄川草莓被认定为国家地理标志保护产品、中国驰名商标。

目前，全镇已形成以新沭村为中心，辐射桃李、家和、演马、宋吴、南湾等 12 个村的万亩草莓经济开发带。配套建设电商服务中心、游客接待中心、露天交易市场和特色餐饮等区域，形成了集草莓育苗、种植、销售、采摘为一体的综合性高效农业示范区。有机会一定去逛逛哦！

推荐几个不错的采摘园——

东海黄川草莓采摘园

交通路线：进连徐高速—从东海口出—沿 S323—万亩草莓采摘园

东海石榴街道草莓基地

石榴街道辖区内有湖西生态园和讲习草莓园两个旅游景点。

石榴街道位于东海县城北约 3 公里，227 省道穿境而过。

草莓好吃，但也不可能四季都有。所以用黄川当地草莓酿制的草莓酒也是不错的选择。斯佳贝酒庄位于黄川镇江苏现代农业产业园内，整个酒庄的设计十分欧式。在这里不仅可以喝到可口的草莓酒，还可以参观酿制过程。

小番茄都这么拼，我们还有什么理由不努力

闻听东海西红柿很出名，刚来到这里，我就吵着让小伙伴带我去品尝。他说：“你能不能有点出息，这么多年一点长进也没有，就爱吃个西红柿、黄瓜什么的，也不知道消费升级。现在东海最流行的是吃七彩小番茄。”

啥番茄还带七彩的？又不是祥云，吹吧你就。

汽车呼啦啦开了好远，来到了一处现代农业园。小伙伴指着眼前的一大片大棚说：“来，哥给你承包了整片大棚，50块管饱，你放开肚子吃。”看着我放光的双眼，他又长叹了一声：“也不知道，咱俩到底谁是农民！”果然五彩缤纷，黑、青、黄、红、紫、迷彩……每个大棚里的小番茄颜色都不一样。不过，口感却都差不多，十分爽脆和香甜，更像提子。**在七彩大棚里吃小番**

茄，有当皇帝的感觉，喜欢哪个颜色，就翻哪个的“牌子”。

挺着圆滚滚的肚子，我开始和老板攀谈了起来。他告诉我，这些七彩西红柿是新品种，利用进口的椰糠为基质，采用无土栽培。每年的7月，他们都会用保温膜将大棚覆盖起来，棚内最高可达60℃，这样就可以杀死大部分细菌。然后布上防虫网，再放入蜜蜂进入授粉。而用的水则是从地下100米处抽取的过滤水。整个栽培过程不打任何农药，也不施化肥。这样种出来的番茄口感好，而且对土地不会造成伤害。

至于为什么是七彩的，老板说：“这个很简单啊，不就跟你画画一样吗？青色+红色+黄色，出来的不就是黑的吗？以此类推，七彩小番茄就有了呀。”

这年头，连小番茄都这么拼了吗？汗颜！

TIPS

东海西红柿是中国国家地理标志保护产品，因维生素C含量高、甜度适口、品质优、耐储存，深受人们喜爱。

在东海，种七彩小番茄的农场还挺多的，每年从10月开始采摘，一直到来年的5月。当地比较有名的是东海县白塔埠镇的这家裕满园家庭农场，老板不久前还上了央视。

这里的葡萄颗颗都是“博士生”

作为一个学渣，我对学霸的人生充满了好奇。

没想到的是，我研究的第一个学霸成长史，是石梁河镇果园里一颗拿到“博士文凭”的葡萄。这张文凭由国家质检总局发放，官方名称叫作“地理标志产品”，是一个产品生涯的巅峰符号。

如果从葡萄的最早产地之一——中亚细亚地区往东划一条直线，东海县刚好在线上。知乎上说，北纬32°至51°之间是葡萄生长的黄金区域。此区域里四季分明，土壤的酸碱程度刚好，昼夜温差大，有利于糖分的增加。总之，积温、降水、光照、霜期等每颗葡萄茁壮成长需要的合适条件这里都有。所以，底子这么好的葡萄想不成名都难！

石梁河的葡萄也深谙“成功恐不能快”的道理，相比其他葡萄的常规成长路线，这里的葡萄要“学”更多东西。从育苗施肥开始，经修剪、风化、升温、发芽、开花、除苞、再修剪、膨大、无核处理、套袋等近20道工序，还有专家们一对一的“辅导”，才能最终走到瓜熟蒂落的这一步。颗颗饱满，甜分十足，用实力证明成长为“博士生”的葡萄，就是这么优秀。

为了保证“每位博士”都是精品，葡萄园里一亩地只种8棵，每串葡萄的品控都在1斤左右。精细到令人惊叹的一道道工序，保证了这“博士文凭”拿得毫不手软。

在成长为一颗“博士”葡萄的漫漫“学涯”中，葡萄们学得很认真，还在整个村子里掀起了一阵热火朝天的学习潮。于是，圣泉村的农户几乎家家都种上了葡萄。如今已成为中国国家地理标志产品的这些“博士生们”，摆事实、讲道理，告诉你，啥叫知识改变命运，啥是葡萄带来财富。

TIPS

石梁河葡萄是东海县石梁河镇的特产，被认定为中国国家地理标志保护产品。如果你有选择恐惧症，那这趟买葡萄之旅可能你会过得比较辛苦。首先你要在品种上有个取舍，夏黑不错，阳光玫瑰也不错，金香玉就更不错了，要么都买了？圣泉村沿路全是葡萄园，路边的阿姨恨不得把葡萄剥好放你嘴里，让你尝尝到底甜不甜。该怎么选你自己定吧！

那一顿，多吃了三五碗

TIPS 东海大米被定为国家地理标志保护产品，有宝宝米、粥米、喜米、胚芽米、发芽糙米、富硒虾田米等品种。

清朝“吃货”袁枚这么描述米饭：“**饭之甘，在百味之上，知味者，遇好饭不必用菜**。”咀嚼米饭能尝出甜味，该是十分敏感的人，味蕾敏锐。还有一点很重要，那就是这绝不是在宴席上尝得的。宴席上没人会把米饭当回事，主人只会在宾客们大鱼大肉地大快朵颐后，礼貌地问下：“要主食吗？要米饭吗？”往往这时候大家都吃得头部发沉，腹部发胀，连连摆手。但这丝毫不影响大米在中国人心中的分量，要不也不会流行说：“我——怎么了，吃你家大米了吗？”

在讨论什么样的米好吃之前，我们首先要分清粳（jīng）米和籼（xiān）米。粳米多产于北方，矮胖，吸水性较弱，意味着煮饭不怎么膨胀，但每一粒都实实在在，软软糯糯。籼米身材苗条，多产于南方，口感偏硬，吸水性强，有一煮就膨胀出一大锅的既视感。都说世事难两全，能同时兼具南北方大米优势的米哪里去找？东海黄川大概是被格外眷顾的地方吧，这里的土是肥沃的黑黏土，灌溉所用的是海陵湖的水。然而想要种出优质的大米，光有自然条件肯定不够，“立体生态种植”才是东海大米俘获人心的秘诀。种植基地四面用藕荷池塘与外隔离；稻田里养鸭，为水稻提供更多肥料；一年一熟，一期一会，给稻谷更多积攒风味的时间。

综上，东海大米既克服了南方大米口感硬涩、适口性差的缺点，又克服了北方大米煮成的米饭热时柔软有光泽，冷后干硬、柔软性差的缺点，成为全国人民饭桌上软糯适中、清香诱人的那一碗。

去到黄川那天中午，我就着红烧老公鸡的汤，吃了三碗饭，愣是两眼翻白撑到了第二天。我原是舌头钝的人，牛羊肉尚且不分，对米的好坏更没有发言权。但能让人吃到刹不住车的米大抵是不坏的。

这些都是东海的国家地理标志保护产品

东海水晶

东海大米

东海(老)淮猪肉

黄川草莓

石梁河葡萄

双店百合花

东海西红柿

老孔凭什么打动了火龙果的心

老孔家在孔白村。他的故事基本就是双店搞水果种植农家的模板。

早些年，老孔辞了建筑工地的活儿回村里种地，用他妻子话说就是“脑壳被门夹了”。也不知哪来的勇气，老孔一口气贷款了 20 万，买了 2000 株火龙果苗。随之而来的村里人的冷嘲热讽和质疑让他耳朵都快听出茧了。不怪他们，毕竟 2011 年，市面上的火龙果少之又少，更何况是要在冬季天寒地冻的东海种，可不是天方夜谭！不过老孔倒是倔得很：你们不信，我偏要干！上了年纪还一股“初生牛犊不怕虎”的性子。

火龙果喜热，控温是个大难题。即使特地跑去海南学了好几个月，老孔还是吃了不少苦头。

隔年，老孔将珍贵的、所剩无几的火龙果拿去隔壁温泉镇卖。喊价 10 块一个，卖了整整 6 天才卖出去 3 个，也够惨的了。不服输的老孔又赶去县城，1 天卖了 6 个的战绩可把他高兴坏了。有人叫板，说他的火龙果是贩的，不是自己种的。他就硬拉着去自家地里“观摩”——还是那认真又倔强的脾气。

如今，曾经的 1 亩地已然变成 20 多亩、7 个大棚的采摘园，老孔也成了东海，甚至整个连云港的“火龙果第一人”。一颗火龙果，让老孔挺直了腰板子，也带起了村里一大片水果种植产业。

去采摘的时候，果实刚成熟。一枝枝似仙人掌的长茎上结着一颗颗鲜红欲滴的火龙果，光样子就能俘虏一大批像我这样的“外貌协会会员”。抵不住诱惑的，就直接在采摘园里“开膛破肚”吃起来了。老孔自己在大棚里装了个水龙头，方便得很。你别说，种了快 10 年，老孔定是摸出了什么门路，这红心火龙果个大味甜，切开了一个绝对不带剩的。

听老孔说，他最近还在研究新品种——厄瓜多尔的燕窝果，号称“黄金火龙果”，黄皮白肉，清甜到无与伦比。嘿，我算整明白了，啥稀有他种啥。这“时刻赶在前头”的老孔，还真是敢想敢做！

不过，好吃的可不止老孔这一家。双店镇的“十里观光采摘长廊”，以火龙果采摘园为首，绵延十里。从春到夏，从夏到秋，锃亮锃亮的油桃、甜滋滋的葡萄、高贵的大樱桃、让人咂嘴的日本甜柿……整整 2000 亩，一年吃到头呐！任谁都忍不住感叹一声：双店人民太幸福了吧！

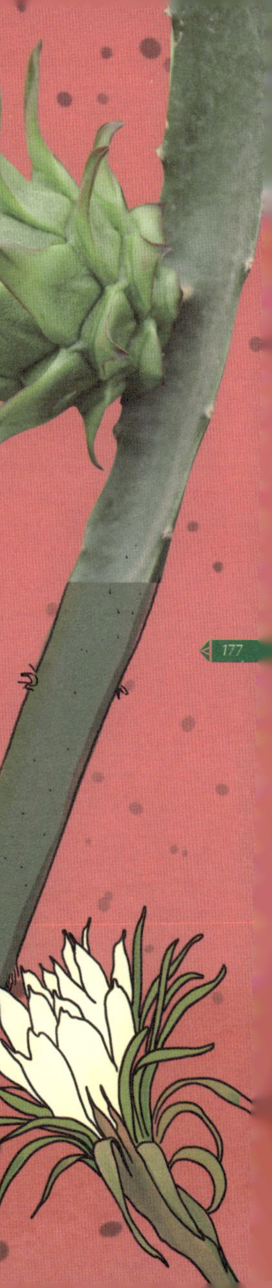

TIPS

双店镇的“十里观光采摘长廊”里啥都有，油桃、大樱桃、桑葚、葡萄、水晶梨、日本甜柿、火龙果、晚秋黄梨……由于采摘游太火爆，双店镇的所有水果基本都不在其他地方售卖。

老孔的火龙果采摘园位于双店镇孔白村，种的都是营养价值更高的红心火龙果，采摘价格在 18 元 / 斤左右。老孔很好“勾搭”，记得多唠唠嗑，没准他一高兴就给你塞两个稀罕水果！

甜

播撒汗水，采摘幸福；喜上眉梢，甜在心头。

我的一位东海“蓝朋友”

据传公元10世纪，丹麦国王嗜食蓝莓，以至于牙齿被染成永久性的蓝色。20世纪，电信巨头爱立信公司为纪念这位统一斯堪的纳维亚纷争部落的国王，将新发明的信号传输技术命名为bluetooth，蓝牙。这就是世上名声最大的蓝色的水果——蓝莓的故事。

这么酷的蓝莓可不仅仅外表高冷，它的营养价值更是得到了科学认证。蓝莓富含花青素和维生素C，号称水果界的人参级补品。李时珍于《本草纲目》中载，苍山越橘（野生蓝莓）“顺气、益肾固精、强筋名目”。如今，二三十年前都要靠进口、好吃又好看的果品之王，在东海县有着3000多亩的种植面积，成了给村民带来“莓”好生活的“蓝朋友”。

在东海丰富的物产中，我的这位“蓝朋友”算不上最出名，但地位不容小觑。这里是全国蓝莓产业化、规模化栽培较早的地区之一。盛夏时节，东海的蓝莓采摘园，满目葱茏，蓝色果实缀满枝头。游客们纷至沓来，享受着田园风光和采摘乐趣。

TIPS

东海的蓝莓采摘主要有李埝林场的胜蓝湖蓝莓基地、东海高效农业博览园区的蓝莓园两处，黄川镇的蓝莓基地较为分散。采摘园大都分布在县城周边，不管你走哪条乡村游的路线，都可以不用绕路就去蓝莓园看看。蓝莓园基本采取开放模式，因为培育过程环保卫生，游客能在园里边采边吃。采摘园里还有自产自销的蓝莓酒和蓝莓饮料，作为伴手礼是个不错的选择。

没有花生米你还喝啥酒呢！

东海人的酒量是不是都很好？东海人是不是无辣不欢？东海人是不是每餐必点花生米？这是我关于东海的“灵魂三问”。无他，因为我的“老板”正好是个“东海银”，所以，我们都特别好奇他身上的这三个特质是不是正宗的“东海造”。

这回我来东海，总算找到了答案。首先，东海人真的很吃辣，几乎每个菜都很辣，像大公鸡这样的当地名菜，要是你不关照，哪怕是微微辣，也能让你分分钟怀疑人生。至于酒量嘛，嘿嘿嘿！在东海，有一句话叫作“把自己喝好，把客人喝倒”。明白了前两样，这花生米，自然也有了答案——花生米和酒，真正的灵魂伴侣。

一颗好的花生，必须神形俱备，色香味俱全。它得长得饱满，呈土黄色或白色，身上没有黑疤。在去皮的过程中，不能泡水，否则就会严重影响口感。老徐和小徐干了20多年的花生加工，以前在老徐手里建起来的家庭作坊，在小徐这里也成了全自动的标准厂房，高清的摄像头可以揪出外形不合格的花生米，并将其分捡出来，一天就能加工20多吨。

说起这花生米，小徐更是头头是道。一颗小小的花生米，光做法就是好几十种，油炸、醋泡、南乳……做零食就不用说了，麻辣、椒盐，开袋即食，要是配上啤酒，那根本就好吃到停不下来。

TIPS

来东海买花生米，必须认准“老乡好”。一般超市都有，县里的土特产商店里品类比较全，除了麻辣、椒盐花生，还有一种水晶花生，是甜口的。当然，带皮、不带皮的半成品花生也有，可以买一些，自己回家煎、炸、煮。

梅主子的幸福白皮书

本地人说，在东海有个很大的林子，离城中 CBD 不过八九公里的路程，那儿有山有水有人家，有林有泉有野花。这林子的主人姓梅，和他的五六个亲戚就住在这林子里。

关于这位主人有很多传闻，比如青春期的叛逆出逃，比如成年后的开疆辟土，再比如更年期的谢绝见客。在某个初夏的清晨，我在园子里闲逛时偶遇了这位坐拥万亩良田的梅主子，便死乞白赖地跟着他巡遍了整个林子。

早上，是梅主子和森林对话的时间，夸赞漫山遍野知音花开得艳而不俗，看看薰衣草庄园里拍婚纱照的新人们，再穿过那片黑松林去和枝繁叶茂的乌桕树打个照面。林子里大大小小的水域有十七块，白鹭、野鸭时常来度假，路过这片区域时说话音量都要降个几度，可不能打扰了他们的清静。林子里无论往哪个方向走都是郁

郁葱葱的景，偶尔漫不经心的一个分岔，可能就忘了来时的小径，得绕上好大一个弯才能走回原路。

当然，这个林子如果仅仅是用来赏，那就太浪费了。

中午，梅主子的大餐从一碗槐花水饺开始。他在这个苏北最大的槐树花基地里实现了粮食的自给自足，还能给游客们提供槐花蜂蜜伴手礼。老公鸡、大白鹅散养在路边，捉得到就可以拿去炖了。黑花生、地瓜、紫薯，随便哪个挖出来都能做成一道美味佳肴。梅主子怕我不信，随手就摘了路边枝头上的一颗小番茄给我，无农药，纯天然，现摘现吃。

下午的时光，就跟着梅主子泡个温泉吧。30 多个特色户外泡池，一步一景，远眺羽山，云卷云舒的映衬下仿佛有种异域风情。晚上，那一定要体验下夜宿森林的野趣。橡树林里的星空帐篷，可以毫无遮挡地让你仰望星空，直到清晨小鸟站在你的脑袋上用歌声把你叫醒。这该是神仙般的生活吧！

“逛了一天，这林子里你知道我最爱的是哪里吗？”梅主子大耳一晃，

直指南边的那片野李子树林，“每天傍晚时分，我就坐在树下思考人生，随手捡起掉落的野李子，可不比牛顿的苹果来得容易。”

哦，忘了告诉你，这位梅主子和他的亲戚们，是一群从围墙里钻出去又从水库游回来的梅花鹿。现如今，他们深居简出，时不时地出来看看大家，告诉你幸福生活的范本就该是这样子的。

TIPS

青松岭森林公园位于李埝林场内，是省级乡村五星级旅游区。在这里住上十天半个月应该都不会厌烦。在森林里随便走走，90余种植物看都看不过来，再泡泡重碳酸钠泉（就是最好的温泉）、做做SPA和香氛，临湖牧渔、田园采摘、土锅炖菜样样都是城里玩不到的新鲜玩意。所谓“福如东海”，应该说的就是这里的生活吧！

票价：森林温泉98元/人，星空帐篷262元/间，酒店房价平均400元/间。

地有多大，心就有多大

这个游乐园，有些不一般！

从县城驱车30公里来到这个大型游乐园，园内地震科普馆、水晶科普馆、孔子文化园、孔子雕塑、望海楼……各种科教设施让人耳目一新。一个游乐园，有这么份传播文化的心，着实少见。内心正为这可贵精神点赞，抬头就看见20来个服装统一、大约七八岁的孩子在长廊里玩耍，想必是在做什么研学旅行吧！

溜达一圈，这个御园欢乐谷里好玩的实在不少。我麻利地琢磨出了三个游玩套餐：

首先，带娃标配套餐，包括欢乐的海盗船、卡丁车，配上浪漫的摩天轮、旋转木马，加上内容极其丰富的儿童乐园和水上乐园。去的时候正值暑假，带着泳圈在造浪池里玩耍的孩子特别多，光看那一层层汹涌的浪花，就顿感阵阵凉意。

其次，小懒虫必备套餐。不知道是不是紧靠青松岭大道的缘故，御园60%的森林覆盖率绝对羡煞其他游乐园。在

这么个天然氧吧里，不去湖里游游船、钓钓鱼，到桃园摘摘果，简直是暴殄天物。至于运动，在水上自行车上蹬两圈就足够了。听说前阵子他们还搞了个声势浩大的帐篷节。在这里过夜，是不是能看到满天的星星啊？

最后一个就是给高手玩家的进阶级套餐了，毕竟来游乐园还是要玩些新颖、刺激的！我玩了滑草和滑索，顺便还借卡丁车练了一把车技。可惜的是因为季节不对没玩到旱冰滑雪；若是冬天来，这里必然又是另一番奇妙的冰雪世界景象。还要提一下的是，园里还有丛林越野和真人CS，组队来的一定要去试试！

反正要想玩过瘾，一天根本不够。园里还有露天的篮球场、足球场、网球场等，这种感觉就像是家住学校旁，周末没事能随时进去打两场球一般，让人心底莫名升腾一片温情。听园内漂亮的小姐姐说，欢乐谷还有个影视基地，过阵子马上就有电视剧要来拍了。

真是地有多大，心就有多大！

TIPS

御园欢乐谷地理位置十分优越，从连云港市中心到这儿就半小时，距东海、郯城、临沭三个县均是30公里左右的距离，所以来这儿玩的人各地都有。

进园是免费的，园内个别游乐项目会收费，但也不贵，玩一天也花不了多少钱。

地址：东海县李埝林场青松岭大道东侧

柒

是胃，指引回家的方向

慢熬风花，细炖雪月，
不过是一碗人间烟火，
带着温暖的情感
和那时淡淡的微笑。

这只老公鸡越吃越上头

鄙人不才，最爱吃鸡。什么三杯鸡、白斩鸡、椒麻鸡、钵钵鸡，统统来者不拒，因此江湖人称“黄鼠狼投胎来的”。从小到大，进到我嘴里的鸡不说上千，也有成百，各有各的妙处，但从没有哪只鸡这样让我上头的，这鸡芳名“东海老公鸡”。

在东海，老公鸡是待客最常见的菜肴，大街小巷主打老公鸡的饭店铺天盖地。但凡东海人有亲朋好友前来旅游探亲，当天晚上用以接风洗尘的，必定是一大盘酱色诱人的炒公鸡。一道东海老公鸡，配几个炒菜，就着一箱啤酒，老朋友可以叙上半天旧了。

朋友带我去的饭店是当地的老店了，最出名的当属老公鸡。跑去厨房点菜的当口，还没进门就吸进了一大口带着辣味的空气，呛鼻子，连打了三五个喷嚏方才好了些。站在灶前颠勺翻炒的大厨就是这家酒店的老板，厨艺了得，炒起公鸡来全凭经验，调料随手一放就是恰到好处。

点菜这种小事是不用麻烦老板的，告诉老板娘就成。尽量忽略空气中辛辣的气息，小心翼翼地问老板娘：“姐，你们这儿的公鸡能做不辣的啵？”老板娘尚未开口，老板却回头了，带着一脸“你在为难我胖虎”的表情：“姑娘，不辣的老公鸡我不会做，微辣吧！”

听朋友介绍，不是所有鸡都能拿来做东海老公鸡的。顾名思义，这公鸡首先得够老，得是散养了一年半到两年的土鸡。说来公鸡也可怜。在这个闹钟、手机普及的年代，听公鸡打鸣起床劳作的人少之又少。而母鸡又具备不用交配也能下蛋的“超能力”。于是公鸡辛辛苦苦长到三四斤大，也只能心一横，送上门给东海人民炒了打牙祭。

炒好的老公鸡掩藏在青红彩椒之间，鸡肉斩成大块，鸡皮油光发亮，一股子香气勾得人不断分泌唾液。私以为，这道老公鸡充分体现着东海人的性格，热情、豪放、不拘小节，在东海人面前永远不需要顾虑吃相，夹起大块的鸡肉，尽情大快朵颐就行了。

不同于江南一带崇尚的爽滑柔嫩口感，东海老公鸡肉质带着韧性和嚼劲，需要一副好牙口。下口的一瞬就能体会到撕咬的快感。没有加多余的香料，鸡肉的香气显露无遗；酱香中夹杂着辛辣，连鸡骨都是入味儿的；伴随着你的撕咬咀嚼，鸡肉里的辣味越来越明显，仿佛温水煮青蛙一般侵蚀着你的味蕾，越吃越上头，甚至连眼里泛起泪花都不自知……

TIPS

东海老公鸡是当地名菜，具体原料、做法正文已交代，不需多说。推荐两家特色店家。

1. 璐璐酒店，1995 年开业的老店。东海老公鸡是这里的招牌，相当地道，微辣的程度基本都能接受。另一道来自本地人的推荐菜是昂刺鱼，也很好吃。

地址：县城牛山北路与海陵东路交会处

2. 楠林酒家。他家老公鸡这道菜已有 10 多年的历史，口感独特，选料考究，特别是辣椒，要选用每年 9 月 1 日以前采摘的第一茬辣椒，因为此时的辣椒水分最充足。到这里来的大多是回头客，也是冲着老公鸡而来。

地址：县城和平西路 192-1 号

猪快乐，你才快乐

牛羊肉虽好，但在人们的餐桌上，猪肉一直是无法撼动的肉类主角。汉字中“豕”便是猪的意思；再看“家”字，有门有猪即是家，足以见得猪在生活中的地位。中国历代重农，牛作为农业时代重要的生产资料在不少朝代都是禁止宰杀的；而羊在宋朝是士大夫才能享用的食物，少了点亲和力；猪肉则没有阶级之分，上至王孙贵族，下至平民百姓都吃得。

在中国论起猪的品种，可远不止平日里见得最多的粉粉嫩嫩的“佩奇同款”（那是中国土猪和北英格兰土产猪杂交而来的“大白猪”），东海老淮猪、青海的八眉猪、重庆的荣昌猪、东北民猪都必须拥有姓名。它们都以独特的口感，征服了全国各地的“吃货”。

第一次见到老淮猪，脑海中“天蓬元帅”的形象跃然而出。《西游记》中“二师兄”穿着黑色斗篷，与老淮猪的肤色不谋而合。细细考究起来，“猴哥”的花果山就在连云港，说不定吴承恩老先生在创作之初，便是拿老淮猪当作“二师兄”的原型呢。

老淮猪生长周期缓慢，饲养成本较高。2000 年时，除东海当地尚少量存有该猪种外，其他地区的淮北猪濒临灭绝。**若在猪猪届也有攀比现象存在的话，面对东海老淮猪如今的生活，其他猪猪一定瞬间化为“柠檬精”**。

东海老淮猪在种猪厂内拥有“单身公寓”，每天的饲料都经过精心配比，“猪妈妈”还有“月子餐”——牛奶、

蔬菜、鸡蛋等，保证营养均衡。要是“猪宝宝”生病，也不会给它吃药，而是通过食疗治愈，保证淮猪肉绿色健康。种猪厂广阔的放牧场地满足了老淮猪爱拱地、爱蹚水的天性。这生活条件，可不是一般猪能比的。

千辛万苦养成好猪肉，自然要用心品味。不管是用来和冬瓜炖汤，还是和土豆一起红烧，淮猪肉滋味都是绝佳。就像是富有经验的老师，什么样的“学生”搭配到淮猪肉手里，都能带得好。若是自己独自上阵，不用油，不用大料，只需两个小时的炖煮，便肉香四溢。它的鲜不具攻击性，第一口不觉惊艳，吃到第三块，浓郁的香气便占据整个口腔，筷子别想停了。

TIPS

东海老淮猪起源于2500多年前，是华北古老的瘦肉猪，长途跋涉以及艰苦的生存环境造就了东海老淮猪耐热、耐寒、耐苦，能适应多种野外环境的特点。东海老淮猪也因此肌肉发达，猪肉烹制后香味浓郁，素有“一家烧肉满村香”的说法。

2014年8月，东海老淮猪获得世界农场动物福利协会授予的五星级“国际福利养殖金猪奖”。该奖项为世界福利养殖金猪奖的最高奖项。

淮
老

带着烟火气和小麦香的手工煎饼，卷什么好呢？

煎饼这东西，是北方饭桌上的主食之一。具体产生年代已经不可考，但“煎饼”这个词在东晋就有了。至于发源地，这点比较明确，是在山东临沂一带。也就是说东海这地方也是煎饼的发源地之一，因为东海紧靠临沂，古代都属山东地界，直到20世纪50年代划归江苏以前，还属于临沂专区。所以，这里的煎饼很正宗也很讲究。

以前的东海农村，家家户户都要自己烙煎饼的，那时也没有现在的机器，都靠人工制作。会推煎饼，或者叫烙煎饼，那是农村妇女必备的一项技能。小麦先用水泡发，然后在石磨上研磨成糨糊。这个环节一般是三个人合作，一人掌勺朝磨眼里不停加掺水的麦子，两个人各自拿一根推棍，扣到石磨的锁眼上，一圈一圈合力推磨；也有用驴或牛拉磨的，这个时候要把驴或牛的眼睛蒙上，它们才肯一圈一圈围着磨盘转，掌勺的人就一边加麦子一边赶牲口。磨好了糊子，主妇就支开乌黑锃亮的圆形铸铁鏊子，点起柴火，开始烙煎饼。**这个活儿最能体现主妇的技术。一手拿勺舀糊子，一手拿竹制刮片摊糊子，同时还要不停往鏊底加柴草。这个过程必须动作干净利落，一气呵成。**舀的糊子不能多也不能少，摊的力度要拿捏准确，不然厚薄不均；一把送进去，柴草添加多少要适当，火候把握要正好，还得让鏊子均匀受热，不然一张煎饼有的部分焦煳了，有的部分还没熟。时间控制尤其要紧，基本上糊子全部摊完，略略停顿十几秒，鏊子边缘的煎饼就微微翘起一圈，这是告诉你，熟了。主妇拿起刮片顺着这翘角在鏊子和煎饼中间左一刮，右一刮，薄薄的煎饼就轻松从鏊子上剥离，然后两手各轻捏煎饼两角，往上一揭，紧接着往边上一甩一扣，这张轻薄如纸、散发麦香的煎饼终于大功告成。

纯小麦的煎饼搁在以前那是只有逢年过节才有的奢侈品，平时多半是玉米的、高粱的，还有山芋的。家里条件好的，会掺些麦子，做成杂粮煎饼。烙好的煎饼水分少，比较干燥，便于储存，往往推一回煎饼能吃上十天半个月的。当然，因为煎饼干燥，韧劲足，需要长时间反复咀嚼，所以

吃煎饼也是对牙齿、腮帮子的巨大考验。吃得久了，牙口好，腮肌丰健。所以，标准“国字脸”的汉子多是山

东人，这跟吃煎饼是有关系的吧。东海当地老年人牙口都很好，也是长期吃煎饼锻炼的结果。

煎饼是要卷菜吃的，这会让干硬的煎饼变得好咬好嚼。一段洗剥好的大葱，沾上自家晒制的大酱，往煎饼里一卷，这是最传统、最经典的吃法，这其实还是当时物质匮乏，没菜可吃的原因，同时也有农忙时简单便捷、省时省事的因素。一般来说，煎饼卷什么菜没有特别讲究，刚摘下的鲜辣椒也行，家里腌制的盐豆子也行，反正有什么卷什么。

现在生活条件好了，吃煎饼更讲究了。到饭店去，一盘煎饼边上，往往会配许多菜料，有盐豆子炒鸡蛋，有小鱼干炒辣椒，有蘸酱黄瓜条，品种繁多，任由顾客凭喜好自选。

当然，市面上也出现了快速批量制作煎饼的机器。不过，卷着大葱，带着鏊子烟火气和小麦香的手工煎饼，依旧是东海人难以割舍的最爱。

TIPS

煎饼作为东海极具特色的地方美食广为流传，走进当地的馆子基本都能看到它的身影。无论是去当地朋友家做客，还是在酒店宴请，饭桌上，小鱼卷煎饼、盐豆子卷煎饼等都是必不可少的家乡菜。其中，小鱼煎饼的吃法并不拘泥于一种，但凡能卷进煎饼里的统统可以夹来作为辣椒小鱼的陪衬。个人以为，油炸馓子、大葱丝儿都堪称小鱼卷煎饼里的绝配。裹上一卷煎饼，咬着“嘎吱嘎吱”地脆，满口幸福的香。

这只烧鸡，有江湖气

长江以北，是烧鸡的天下。

我国有所谓四大名鸡，分别是：辽宁的沟帮子熏鸡、河南的道口烧鸡、山东的德州扒鸡和安徽的符离集烧鸡。

名字有点不一样，其本质差不多。

一只烧鸡，表面上看很像是烤出来的。很多不产烧鸡的地方，人们往往把烤鸡和烧鸡混淆。但其实，烧鸡有着非常复杂的工艺和制作流程。

理论上，一只鸡宰杀之后，要经过造型—上色—卤制这三个过程。

造型，是指整鸡的形状。有把头塞进肚子里这样的常规操作，也有将鸡摆出好看的样子的摆法。其实主要是为了包装，也为了摆放。你非要弄个黄飞鸿造型的，说是功夫鸡，或者插个钢管说是跳舞鸡，其实也无所谓。

上色，一般是上糖色。这里用到的多半是饴糖，主要成分就是麦芽糖。糖色有着酱油色无法比拟的鲜亮，而且能带来丰富的层次感。这道工序有时候还会配合油炸，让颜色附着。

卤制，是烧鸡的关键。在这里，我们可以将烧鸡分成若干流派，比如：要用烟熏一下的，就是熏鸡；讲究炖到骨烂皮韧肉入味，就是扒鸡；直接卤制的基本上就是烧鸡。

东海的烧鸡，出名的是桃林一带产的。

首先，皮很有嚼头，这点应该是和使用的鸡质量比较好有很大的关系。

其次，有非常明显的烟熏味道。也就是说，桃林烧鸡应该是熏鸡那个派别的。它会有很明确的烟熏过程。

烟熏的鸡有什么好处？可以吃出江湖的味道。

烧鸡这个食物，实在是太江湖了。所谓侠士行走在外，不会烤鸡烤兔子怎么混？一般来说，那个用棍子架在火堆上的熏鸡，都是有明显的烟熏气的。

那么，到底什么才是烟熏的感觉呢？那就是：让你在滚滚红尘中，看到了刀光剑影；让你在一口鸡肉中，吃出仆仆风尘；让你一口下去，就想策马奔腾，红尘作伴，潇洒人生。

TIPS

桃林烧鸡是独特的烧鸡。相传桃林烧鸡始于两千多年前马陵之战，孙膑让军中厨师为将士们制作烧鸡充饥。之后，桃林烧鸡名声越来越响。近代桃林镇做烧鸡著名的是颜三，后来有陈夫章、胡华堂。到了20世纪80年代，桃林镇做烧鸡的就多了起来。许家烧鸡以清真著称，蒋家烧鸡以味正闻名，马家烧鸡入选连云港市十大名吃。如今镇上烧鸡作坊十多家。桃林烧鸡还被加工成真空包装，销往国内其他地方甚至国外。

用一盘盐豆炒鸡蛋击溃化学系高才生

豆类在发酵过程中，蛋白质会逐步分解，产生的含硫氨基酸会进一步分解，进而会生成少量的硫化氢气体。硫化氢有刺鼻的臭味，因而一般的发酵类豆制品闻起来有股浓烈的臭味。

作为一名化学系高才生，本人从小抗拒任何带有刺激性气味的发酵类豆制品，被很多人奉为美味的豆腐乳、臭豆腐、豆豉都能让我闻之色变。纵使再多人表示：“这些东西只是闻着臭，但吃起来特别香！”我也不愿意去尝试。直到有一年跟着大学舍友回他老家，我的理智被这盘盐豆炒鸡蛋狠狠击溃。

当天开饭前，舍友神神秘秘地拿出一个小罐儿，随着盖子被拧动，一股诡异的味道在空气中弥漫开来。我当即捏着鼻子狠踹他一脚：“你是不是想毒死我！”舍友一反常态没有还手，反而拿筷子挑了一点出来，抹在自个儿舌尖上，继而半眯起眼，露出一脸享受的表情：“这是我们这儿很有名的盐豆子。等着，给你做个好东西吃。”

不一会儿，舍友端上来一盘盐豆炒鸡蛋，顺手塞了双筷子给我：“来，尝尝！”盛情难却，我绷紧了脸夹了一筷子放进嘴里，咀嚼几下之后发现，20 多年来我错过了怎样一种美味啊！我发誓，这是我吃过的最好吃的炒鸡蛋，没有之一！

经爆炒后变得金黄蓬松的鸡蛋里藏着零星的盐豆子，刚入口时先品尝到的是鸡蛋的咸鲜味，咀嚼后鸡蛋很轻易就下肚了，进而尝到的是带有微微刺激性气味的盐豆。这股味道麻辣适中，还没等它扩散开，味蕾又感受到了一种特殊的鲜。这是盐豆中蕴含的氨基酸所带来的，不同于肉类的鲜，而是一种难以描摹而只可意会的奇妙滋味，反正就是好吃。

不得不感叹舍友厨艺了得，一盘子盐豆炒鸡蛋炒得鲜香油亮，鸡蛋大块儿不发僵，盐豆和鸡蛋相融之余还保留了鲜脆的口感。舍友翻了个白眼：“这盘菜是我们这儿的家常菜。我从小吃到大，没吃过猪肉还没见过猪跑吗?只要盐豆好，那就肯定好吃啊！”

说话间，他又打开小罐儿掘出点盐豆抹在煎饼上。此时，我已经没工夫嫌弃这味儿不好闻了，而是伸出筷子又夹了一大块盐豆炒鸡蛋，真香！

TIPS

盐豆炒鸡蛋的灵魂就在于桃林酱豆。桃林酱豆是“桃林美食三绝”之一，当地土语里叫盐豆子，基本家家都会在春天腌制。如今，桃林酱豆选用的原材料是当地绿色有机大豆，经过人工清洗、传统蒸煮、发酵、调配、高温杀菌等现代工序精制而成，易保管，好收藏，一年四季都能吃。

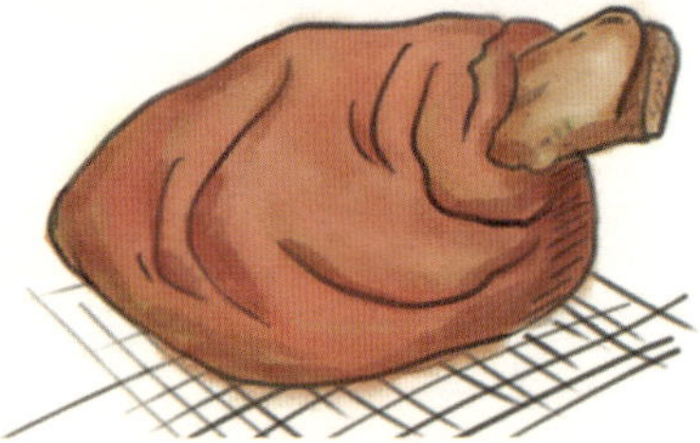

脱脂的肘子到底有没有灵魂

肘子的灵魂应该就在那些脂膏上，如果一个肘子脱了脂，请问还有灵魂吗?

在寻找肘子的路上，这个灵魂拷问一直折磨着我。

东海白塔埠，当地人极其擅长做肘子。这几年一位巾帼英豪马大姐，将肘子装进了真空包装，开起了工厂，做起了生意。

马大姐是从小做肘子的。据说还是个大姑娘的时候，村里人家办喜事，就找她做肘子了。慢慢地，她对肘子以及由肘子衍生出的卤菜，有了自己的理解。最后，她开了一个厂。

一开始，做的当然是正常的肘子。但是，马大姐是个喜欢琢磨的人。她觉得现代人吃得精细，对于高脂肪的食物很抵触，所以她开始琢磨怎么让肘子脱脂。

最终的办法就是，先用工具拍打按摩肘子，据说是将脂肪拍散。然后，先蒸后煮，努力将肥油排出。这道脱脂肘子，据说要经过 15 道工序，36 个

小时制作，在 121℃高温下，最终能够降低脂肪含量 30%—50%。

真是让人拍案叫绝。

当然，不管操作多么花哨，**一个食物最终的检验标准就是味道**。脱脂成不成功这个可以不管，关键的是味道如何，这也就是灵魂还在不在的问题。

有，灵魂还在。

这道肘子很适合白切了当凉菜，皮肉结合得非常紧实，卤制的味道也是刚刚好，不会太咸。

从口感上，几乎感受不到肥腻，包括肥肉的部分，都感觉比较有弹性、有嚼头。而瘦肉的部分一点也不柴，十分细腻。

从某种意义上说，这道菜很接近蒜泥白肉。如果你能捣一点蒜蘸着吃，再配上点虾籽酱油的话，在大热天，那绝对是一道过硬的好菜。

TIPS

马大姐肘子的专卖店就在水晶城附近，很好找。当然，网络时代不必专门去，只要上淘宝，轻松可以找到马大姐的店。他们家主要的销量是在网上达成的。为此，他们还成立了合作社，帮着当地农民卖农产品。想吃的，上网去搜吧。

这张牌，你吃过没

东海有个非常传统的面食，叫作烤牌。

我说了是面食，你自然知道这玩意是可以吃的。但要是不说清楚，光说名字，你能猜到的话那必须是美食八级专业考试过关人员。

一开始，我以为是“烤排”。心说，这是烤的牛排还是羊排抑或是猪排？晚上吃羊汤还吃羊排吗？实在是奢侈了。

后来说这个是面食，我自然而然把它和北方小吃“排叉”联系起来。心说，“排叉”是炸的啊，烤的也可以吗？

拿在手里，听了当地朋友介绍，才知道这玩意叫“烤牌”。烤牌制作过程不复杂，也不简单。发酵好的面团反复揉压，醒面，然后搓成条，拉成片，再在上面刷一层碱水，贴在烤炉四壁上，经过烘烤而成。

标准的烤牌都在四指宽，两拃长，就是拇指跟食指拃开的长度的两倍，形状就像古代官员上朝用的笏板，所以当地土话都叫“朝牌”。传说，这个名称跟一个东海人有关，他是唐代诗人、太学博士马戴。马戴曾在长安为官，思乡之情日深，就照家乡的风味制作烤饼以解乡愁。有

一天刚吃过饭，皇帝紧急召见，可他那块上朝专用的笏板却怎么也找不到了。情急之下，他就让厨子按照笏板模样烤制一块饼，拿在手里就往大殿赶。

古代文武大臣朝见君王时，双手执笏以记录旨意，或者将要对君王上奏的话记在板上，以防遗忘。马戴一见皇上，自然就露了馅。急中生智的他赶紧解释：启禀皇上，这是我今早食用的家乡美食，新鲜出炉，非常美味可口，特地带一块来请皇上品尝。这焦香扑鼻的烤饼一下打动了皇上。皇上龙颜大悦，说：“你这家乡的朝牌确实不错，更难得你这样心里时刻想着朕啊！”

于是，这块烤饼就有了名字。

烤牌吃起来，一定要配菜，有点汤水更佳，如果是羊汤那就再好不过啦！

TIPS

烤牌在东海大街小巷都有得卖。这个面不一定就是发酵的，也可以是死面，吃法各有所长。但最正宗的，必须是发面的，而且是用老面头做引子发酵。好的烤牌必须是用“75面”（100斤麦子出75斤面粉）来做，这种面筋道又易于咀嚼。烤牌形状是标准的笏板尺寸。烤制好后要表面有一层淡淡的焦黄，入口软硬适中，绵软而又有韧劲，麦香味十足。趁热吃风味最佳。

关于吃羊肉，东海人有话说

中国各地风俗不同，就拿吃羊肉来说，有一部分地方的人觉得，羊肉是补品，所以适宜冬天吃，其他季节吃了容易上火。

这个说法被很多人嗤之以鼻。最有力的反驳来自新疆人民，他们的理由是：如果这话是对的，我们怎么办？是啊，如果除了冬天以外吃羊肉会上火，那新疆人民是靠吃牛肉过完其他三个季节的吗？

坚持其他季节吃羊肉上火的朋友，会打个“补丁”：新疆地理位置和中原不同，所以风俗各异，可以理解。

于是，江苏人“凌乱”了。

理论上，苏南一带是只在冬天吃羊肉的，特别是吃东西讲究时令的苏州。

但是，苏北偏偏是对着干。别的不说，徐州就讲究吃“伏羊”，非得到了三伏天，这才痛痛快快吃个羊。

东海人民，和徐州人民是一条心的。

这里大街小巷布满羊肉店，各种羊肉美食四季供应，属于敞开吃，管它春夏秋冬的类型。

我经常去的那家，特点是有一口巨大的羊肉汤锅。我不知道是不是其他店也有，但是这家的羊肉汤锅至少是我见过的最大的。因为这口锅别说

![TIPS]

老街坊羊肉汤锅在东海县利民东路福喜酒店西侧，地方很醒目，一眼能看到，停车也不难。据说还有几家分店的，但是这家老店一定是最好最正宗的，建议到这里。饭菜很有特色，布置也蛮特别，是值得一去的馆子。

另外，和平西路的伊兰斋也是开了多年的老店，口味正宗，价格厚道，标准的清真菜。

炖羊了，炖
我这个胖子也没问题。

据说这家店是凌晨开锅，一只羊下去煮到晚上，这锅汤就端的是汤浓肉烂、香醇可口。而且，一般到了晚上八九点，人家羊肉就会卖光，然后就忙着刷锅子，为第二天做准备。所以，去得晚了，汤是还有得剩，锅里肯定是清洁溜溜，肉只能明天赶早了。

所以，对于“美食摄影症候群”患者来说，这家必须早去，不然你拍不到美美的照片。

羊汤是非常鲜甜的。必须指出，虽然东海整体的吃口偏重，而且下辣椒下得非常狠，但是羊汤还是很清淡可口。对于一部分不爱吃辣的朋友，可能羊肉汤是你在东海最好的选择。

羊肉不是很酥烂，应该说是比较有嚼头的。按照那口大锅的火力，这种做法应该是有意为之——不能让羊肉太烂，失去口感，特意留出几分火候来。

必须说的是，这里的羊肉汤一定要配饼子。最好的饼子就是在羊肉汤锅隔壁的炉子里烤出来的当地特产烤牌。两者配合之默契，绝对 1 + 1 > 2。

啃个猪蹄怎么像打架呢

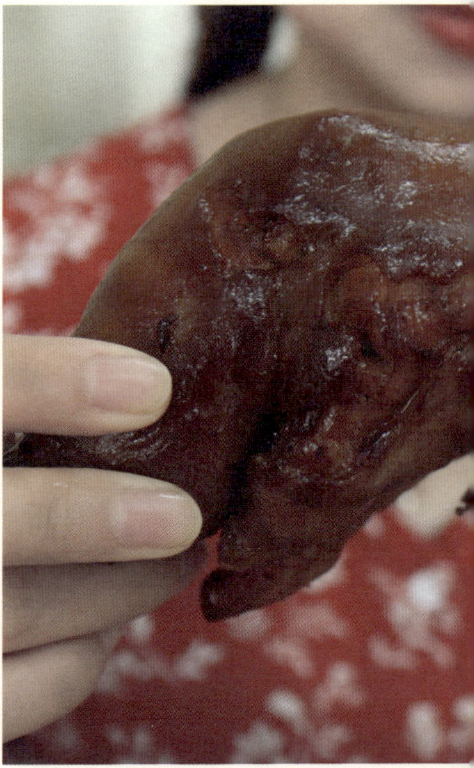

满汉全席里一道蒸熊掌曾撩动过多少“吃货”的心。当年的王孙贵族喜食熊掌，如今社会进步，熊掌当然吃不了了，但是鸭掌、鸡爪、猪蹄之类还是可以吃吃的。而在东海的一只双店猪蹄，绝对能排进本人私藏榜单。

在东海，双店猪蹄是“十大名吃”之一。马路上“双店猪蹄”的招牌随处可见，总有人三不五时地走进店里，称上斤把猪蹄回家打牙祭。**你还真别说，双店猪蹄才配得上叫真正的“大猪蹄子”，个头大，皮肥肉厚，油光锃亮，啃起来那叫一个爽**。

不同于煨得烂烂的黄豆猪脚，吃双店猪蹄，是需要充分活动口腔肌肉的。拈起一块猪蹄，撕咬的过程仿佛和壮汉掰手腕，彼此都较着一股劲儿。当牙齿切割下一块带皮肉时，会产生一种独特的快感。一旦开始咀嚼，你就会发现，这猪蹄非常筋道，越嚼越带劲，鲜香而耐嚼，丰腴却爽滑。

其实，每家双店猪蹄口味上都有

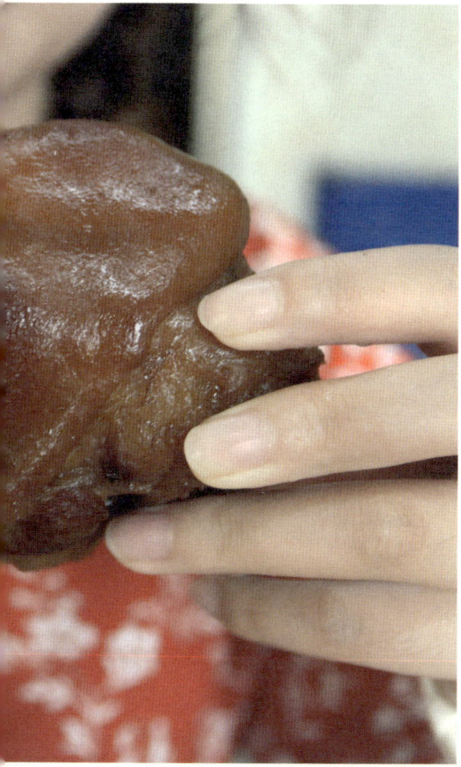

细微的不同，个人最喜欢的一家叫“双店祥和猪蹄”。做猪蹄从清理到烧制再到出锅，前后要花上三个多小时。因此猪蹄个儿虽然大，但足够入味，不至于啃到骨头后，嘴里只剩下肥腻的感觉和寡淡的咸味。而这家的猪蹄，除了咸淡适宜的卤汁味儿之外，还有一点烟熏的味道。

众口难调，有的人或许会嫌弃这种烟熏味。但在我看来，这种烟熏味正是点睛之笔，使整个猪蹄的口味层次都变得丰富起来。嚼完之后，口中的余味有点像苹果木炭熏制的美式培根，又有点像西班牙伊比利亚 5J 火腿，但是整体口感又比火腿少了一些油润，反正就是很“戳”我。

咱东海爷们儿好酒，每每晚餐时分都要抿上两口，双店猪蹄拿来下酒，再合适不过。但猪蹄如果不是买回去马上吃，那就不建议在店里进行改刀，否则味儿就散了。最精妙的烟熏味荡然无存，那这猪蹄吃着就差了那么几分意思。因此买回去后，倒上小酒、配上小菜，自己动手，那才够味。

祥和酒店的猪蹄是东海最有名的，店开了 20 多年，名副其实的老字号。猪蹄是他们家的拳头产品，30 元一斤，可以做成真空包装以便携带，每年都有大量外地游客慕名而来。

且将万般深情，化作滴滴琼浆

夜，凉如水。十里桃林，被这凉夜包裹着，愈发显得萧然出尘。

桃林深处，隐约可见一抹亮光。

埙声常常在子夜时分响起，断断续续的，却情思绵长，听来不免令人怆然。

他已经记不得，这是第多少个未眠之夜了。自从做了这十里桃林的守护使者，人间烟火、寻常喜乐，于他而言，终于变得可望而不可即。又或者，是因为这世间，再也没有能够令他展颜之人。

日复一日，他白天看管桃林，监督匠人们酿造美酒；到了夜晚，他便孤身躲进桃林深处，照旧吹那首《长相思》，面前还常常摆着那个刚从密室拿出的酒壶。

在说书人的口中，从不乏奇闻逸事，而他和她的故事，也被演绎出了很多版本。

其中一个说法是，他奉命酿造出天下第一美酒，但酿造此酒需要一个引子。这引子，与她有关。

那一晚，风吹得异常温柔。她与他在桃树下对酌，后来隐隐有了醉意，她便起身跳舞，他亦取来埙伴奏。后来，她跳得倦了，倒在桃树下合眼睡去。风起时，桃花便落了满身。可她却再也没有醒来。而那一晚，他做出了人间最美的佳酿。此酒一出，人们争相前来品尝，饮者无不赞叹：天下第一美酒，果然名不虚传！

说书人不知道的是，她患有顽疾，需要桃花入药的美酒才能稍缓病痛。也因此，他放下人间繁华，和她一起来到这十里桃林隐居。每日取来最新鲜的花瓣酿酒，再看她一滴滴喝下，对他而言是再幸福不过的事。可终究，耳鬓厮磨的美好时光，还是没有抵抗得过命运。

以千万绵延情思，酿一口人间至味。情之所极，必有回响。虽然，后来他再也没有亲手酿过一滴酒，但桃林美酒的名声，却越来越大。

古往今来，很多文人墨客、帝王将相都与桃林酒结下了不解之缘。相传，宋太宗赵炅酷爱桃林酒，将其封为宫廷御酒。明朝诗人李同芳亦知桃林美名，还作诗咏叹：“十千沽酒冶游郎，日指桃林是醉乡。花下停车莺语乱，蹊边拾翠燕泥香。”

清朝末年，桃林武举马连甲曾向慈禧太后进贡桃林酒。慈禧连喝三杯，诗兴大发，挥笔写下了一首七绝：“美酒甘露醉人心，桃林胜过杏花村。杯中乾坤无限大，纵横天下吾独尊。”有这么多“流量主”的加持，桃林酒这一IP的热度一路飙升，其踪迹很快遍布全国各地，还收获了“名扬苏鲁三千里,味占江北第一家”的盛誉，碾压了一众白酒界“流量小花”。

TIPS

桃林酒是一种浓香型白酒，具有“甜、绵、软、净、香”的特点，被赞许为“入口绵，落口甜，一杯下去甜半年”。据说，桃林酒之所以美味无双，是因其取清凉甘甜的“黑龙潭”泉水酿造，以稻壳为填充剂，用泥窖固体发酵、混馏，再经过长时间的贮存、精心勾兑调味而成。酒体清亮透明，口感醇厚甘美，香味谐调、回味无穷，深受广大消费者的喜爱。现在，桃林酒分为“桃林珍品”“桃林大曲”“水晶之都”等三大系列二十多个品种。2012年，桃林老五甑酿造工艺被列入连云港市非物质文化遗产。

吃香椿拌豆腐如追双男主大戏

阳春三月，万物复苏的时节，东海人家的灶头上飘出了一股子异香。这种香很难形容，和丁香花的馥郁气息有一点相似，但又没有那样熏人，而是柔和绵远，叫人忍不住细细嗅闻。这种散发着异香的物事,叫作“香椿”。

香椿拌豆腐是这里顶有名的一道凉菜。犹记朋友最早跟我提起这菜时说的另一个名儿——“鸡刨豆腐”。且不说我，同行的另一位东海小伙伴率先蒙了：“我活了小半辈子，咋从没听过这道菜啊？”直到一盘香椿拌豆腐端上桌来，这才恍然大悟。原来，这是西半部居民的方言说法，意思是切得细碎的老豆腐跟香椿末拌在一起，如同被鸡爪刨过一样。

还是香椿拌豆腐好，吃的就是香椿那一股子鲜香气儿。做法简单易上手：新鲜的香椿芽焯水切末，和切成丁的老豆腐一起拌匀，调料只有盐、味精、香油、豆油。香椿和豆腐的比例差不多五五开。**筷子尖挑一点抿在嘴里，香椿的香和豆腐的香对立又统一，两者的口感形成鲜明对比，**仿佛一部双男主大戏，直教人追得欲罢不能。

作为一道东海家家户户都会制作的凉菜，每家的香椿拌豆腐味道都有些许的不同。然而妙就妙在这里，这一点点不同恰恰造就了东海人对这道菜的独特记忆。

下饭吃做咸一些，下酒吃做淡一些；多一勺香油，少一点味精。味蕾上细微的变化，全在主妇们手腕的轻轻一抖上。而东海的大老爷们粗犷归粗犷，但在香椿拌豆腐这道菜上却一致地粗中有细，是老婆做的还是老妈做的，一口见分晓。

香椿是东海春季的时令食材，每年春天东海人必定隔三岔五地买上一些回来，吃个痛快。或炒鸡蛋，或拌豆腐，或直接卷在煎饼里大快朵颐。香椿拌豆腐是东海的家常凉菜，只要到了季节，基本各家餐厅饭馆都会有。

一米长大鱼，吃的是原生态

东海湖泊众多，许多都是人工开挖的水库，故东海有“百库之县”名号。水库多，水产自然少不了。因为这些水库禁止人工养殖，东海本地产的鱼虾多为人工放流，自然生长。有花鲢、草鱼、鳜鱼、银鱼等十几种，属于食浮游生物及草类的野生鱼，天然原生态，绿色无污染。

从美食角度，以石梁河水库的生态鱼最为美味。石梁河水库是江苏省最大的人工水库，又叫海陵湖。水面开阔，水质优良，因此水产湖鲜品质也极佳。要吃到这种特产湖鱼，水库边的石梁河镇有几家鱼庄可以考虑，县城有的饭店里的鱼也值得品尝。

鱼足有一米多长，用一个长条状的容器端上来。服务员端着走两步还得喘一下，真是太重了。鱼的做法很接近东北的铁锅炖鱼。只不过这里是炖好了端上来。咸鲜口的；如果你不提前关照，会下很多辣子，所以不吃辣的朋友提前喊一嗓子。

大鱼炖得很酥，关键是入味。要把一条那么大的鱼炖得入味且不柴，这里需要的是水磨的功夫，绝对不是随便可以做出来的。事实也是如此，这里其他菜都无所谓，要吃大鱼必须预订。一来鱼不好找，二来要花很多时间去炖煮，不预订吃不到。

大鱼的鱼杂是最好吃的。这家店并没有藏私，将鱼杂放在鱼肚子里，仔细找一找，有非常大的惊喜。

TIPS

东海生态鱼是当地一道特色美食，主要得益于水质好，原生态。除了石梁河的，其他湖泊、水库的鱼也都很好。

主打本地特色餐饮的酒店基本可以满足你对生态鱼的要求。这里推荐西双湖饭店。

女生都有两个胃

男生大概永远理解不了，刚刚还在餐桌上一边喊着吃不动了，一边不停揉着肚子的女生，为什么一出餐厅，看见街边的甜品店就立马两眼放光，略带羞涩地商量：咱们再去吃个甜品吧？因为女生都有两个胃啊，一个用来吃饭，一个用来装甜品。

来东海的第一天，就留意到了薇安家。当时在隔壁吃饭，路过一看招牌，总觉得像中学时藏在课桌下的言情小说里女主角的名字，印象一般。后来另一只胃疯狂叫嚣，又怕踩了雷，就开动“吃货”的脑筋，问过出租车司机，问过路边高中生，问过腻歪的小情侣：这儿哪里的甜品好吃？答案出奇一致：薇安家。那是非尝不可的了！

一行刚从饭店里浩浩荡荡走出来的女生顶着烈日直奔自清路，推开了薇安家的大门。眼前的一切让我感到惭愧，这哪是中学的言情小说啊，分明是都市“小资文艺咖”！布艺的沙发、大理石纹理的小桌子、大面的落地窗，以上，在店里的绿植面前都不值一提。郁郁葱葱的龟背竹绿得快要滴出水来，为了确认不是仿真植物，还特地上前轻轻掐了一把，果然货真价实。店里还有好多叫不出名字的绿植，装它们的容器都很特别，有的是简单的水泥盆，有的是方方正正的白底黑字“大袋子”。

明明可以“靠颜值”吃饭，但偏偏实力也不差，整个店里都飘着一股淡淡的奶香。挑一个靠近落地窗的沙发坐下，把半个身子都埋进去，再吸溜几口杨枝甘露，随手翻翻杂志，美妙的下午茶时光就此开启。

不知道有没有做过相关统计，在这间甜品店里萌生过多少情愫。也许从午后的一次约会开始，一切都变得不一样了。爱情本就是抽象的东西，他留在唇齿间的清爽的气泡水，她挂在嘴角的淡淡的奶油，在此作用下一切怦然心动的感觉，都是爱情。

味蕾，通向心房最近的路。甜品，女生的第四餐。

TIPS

东海有两家薇安家甜品店，老板是同一个，环境都不错，可以和闺蜜、对象去玩耍。杯盘刀叉都是“网红”款，适合“凹造型”拍照。店里的甜品不便宜，但物有所值，值得一试！

薇安家烘焙

地址：北辰路与自清路交叉口南150米

薇安家

地址：利民东路63号

“80后”的梦，都在酒里

眼前的姜自在，帅气，但略显羞涩，少了一般酒吧老板的江湖气。我说：“咱就随便聊聊，别谈什么鸿鹄之志。就说说你为什么要开这间音乐酒吧。”他说：“要是我告诉你，不为赚钱，这是我人生的心愿清单之一，你信吗？”我笑着说：“我信！‘80后’文艺青年的梦想不就是书房、咖啡馆、花店还有小酒馆吗？”我俩在“你懂我”的默契中相视一笑，拿起眼前的“1664”一饮而尽。“80后”的梦，都在酒里。

小姜的主业是室内设计，大学毕业后做过北漂，在大公司里任职，但最后还是回到家乡创业，现在在圈里也算小有名气。说起这间音乐餐吧，他说开了也就一年多，到目前为止还没有赚钱。边上的店长一脸“嫌弃”：“按老板这个套路，估计要赚钱很难。”酒要最正宗的，乐队要最好的，厨师得是有创意的，价格还得是实惠的。小姜傻乐了一会儿，没有反驳。

开店就是为了圆梦，所以，赚钱不是最重要的，有人能来，来的人能喜欢，才更重要。他说，自己打拼了这许多年，手上总算有点闲钱，就开始为自己的梦想折腾，光装修就花了6个月，所有的设

计图都自己亲手画，看着酒吧一点点地成形，真的是恍如梦境。他也不知道为什么会选择开一间不赚钱的小酒吧，但这是自己的一个执念。要是设计公司能再多赚一点钱，他还想在东海再开一间书店、一个咖啡馆。这些地方，不仅可以安放自己的设计，更能安放自己的心灵。每天下班后，就算什么都不做，只是在店里坐着，心里也有一种说不出的喜悦与放松。

聊着聊着，晚上的驻唱乐队到了，主鼓手是个扎着蓝色小辫的小胖子。小姜指着他："那也是一个'80后'，白天在城里开洒水车，晚上来我这里打鼓。"没错，每个人实现梦想的路径不同，但只要你从未放弃，便是真的勇士。小姜是，鼓手是，我们也是。

TIPS

一城花开音乐酒吧在和平东路远洲城市广场西门2楼。一般从中午11:00开始营业。

酒吧有乐队驻唱，表演每晚从8点左右开始。主唱有时候是小哥哥，有时候是小姐姐，随缘。说是餐吧，但我个人觉得酒比菜好。啤酒的品种还算丰富，鸡尾酒很值得一尝。大部分你能叫上名字的酒，调酒师都能满足你，至于价格，反正在我能承受的范围之内。

捌

解码东海『黑科技』

汽车奔驰赛道，
机器人炫酷舞蹈，
未来的种子在此生根发芽。
梦想不在大小，
在于现时的付出与创造。

都坐下，我家“有矿”我先说

十年前，诺基亚的粉丝们还在为自己的手机骄傲时，万没有想到心爱的品牌在手机领域那么快就被人遗忘了。随时随地视频通话，从城市到乡村的高速网络建设，传统生产线的全自动化改造……这十年，科技的浪潮以无法抵挡的趋势劈头盖脸地袭来，让人始料不及。这其中，半导体技术功不可没。给当年化学不及格的“小白”们普及一下，硅是最常见的半导体材料。就是这个硅，其衍生出的产业占据了东海工业总产值的半边天。

如果把东海当作一个人，他一定是个富N代。一出生家里就“有矿”，储量和品相都稳坐全国头把交椅。这条件，搁谁头上不得半夜做梦都笑醒！

老天爷赏饭吃，你自己也得争气。东海人拿出自己骨子里那股狠劲，埋头科研，几十年的时间里东海的硅产品类型有十多个大类上千种产品：从基础的石英原料到石英玻璃，从家用照明设备到光纤光伏系列，无所不包。

当然，有产品不是最牛的，真正能站在技术前沿的企业要“做标准”。在东海，诞生了多项国家标准、行业技术标准，发展的话语权牢牢把握在自己手中。

除了硅，这里还有着其他“独霸江湖”的工业绝技。新型建材制造、机械设备制造……这个苏、鲁两省交界的小县城正在更多的领域崭露头角。

先天条件很好，自身足够努力，这样优秀的地方，谁能不爱呢？

打一口井，到你的心里看一看

在过去的一百年里，人类上天入地探索世界的步伐从未停止过。如今人们已经可以用天文望远镜观测到137亿光年以外的天体，人类的脚印也早就踩上了38万公里以外的月球，但对于自己居住的星球的探索却并不深入，我们脚底下究竟是什么样子？地球的内核是什么状况？位于东海的亚洲第一深井就是解答这些疑问的尝试，它是人类深入地底世界的望远镜。

可是，这口深井为什么要打在东海？打个比方，东海在地球上的位置就相当于蛋壳上离蛋黄最近的地方，从这儿打深井离地核最近，是最合适的。

从2001年开始，这项亚洲第一、人类第三号的入地计划启动，科学家们用时1000余天，钻了一口直径156毫米、深5158米的物理超深井，并在这基础上建立长期观测站，进行地底深处的综合观测。比如2004年的时候，当时还在钻探中的超深井就记录到了4100公里以外苏门答腊地震引起的深部地下流体异常变化。

2011年7月，科研人员给深井安装了一架地震仪，这就像是贴着地心使用听诊器一样，滤除各种地表的杂音，专注于来自地核的声音。依托这亚洲第一深井组建的地球物理遥测数据信息库，我国超高压变质带和地幔物质研究达到了国际领先水平。

未来，在亚洲第一深井的周围，还将建立地质科普馆，甚至建造能够载人的地下观测电梯，来一场眼见为实的地心之旅也不是不可能。

TIPS

亚洲第一井位于东海毛北村，说到底这里是个科研机构，但是慕名而去也不是不可以。

无人机里有只“喵”

嗨，大家好！我是一只日常飘荡在城市上空的“喵”。在我们东海众“喵”中，我应该是出身最高贵的。别的不说，在其他的“喵”还只会傻乎乎地玩毛线团时，我已经开上“灰机”了。

在我的停机库里，藏着很多型号的飞机，至于每天开哪架出去，全看本“喵”的心情。不过，其实我最“心水”的，还是停在角落里的那架看似不起眼的蓝色小“灰机”，我还给她取了个绰号，叫蓝胖子。因为我觉得只有她，才配得上我的飒爽英姿。

这些年，我跟随我们老板潜心研发无人机产品。在 2016 年，我们成功研制出了一款八轴多用途无人机，并将其成功应用于多个行业的不同场景当中。2017 年下半年，我们与国防科技大学合作，研发制造出了大型军民两用无人机，可以更好地满足各行业应用以及军用特殊环境的机动飞行要求。同样在 2017 年，我们的无人机全力协助李埝林场打造“智慧林场—无人机消防灭火”应急方案，并用无人机成功完成了消防演练和实际火情的处理。除此之外，在农业植保、消防、紧急救援等多个领域，都曾出现过我潇洒帅气的身影。

对了，我还有另外一个身份，在这里一定要说一下，就是我现在还负责教小朋友开无人机。小朋友们如果在假期想学一点有趣又实用的技能，欢迎来到我的停机库与我过过招。只要本“喵”有时间，一定把我毕生所学好好传授给你们。

东海县腾翔航空科技有限公司是国内大型无人机研发生产企业的引领者，长期专注于无人机产品的研发和创新。在警用消防和农业植保方面的应用表现十分突出，拥有数十项专利和自主品牌。如今，腾翔航空在东海县李埝林场创建了君航青少年航空科普教育基地，致力于青少年航空科学知识的普及教育，让学生更好地体验飞行乐趣、了解航空文化。

为了让你的车开起来溜一点，它们真是煞费苦心

如果说这个世界上有一样东西包含了你心中所有的美，相信我，肯定是汽车。

完美的曲线，惊人的力量与速度，汽车满足了大多人数对美的要求。

当世界上第一台汽车行驶在曼海姆城的大街上时，它就散发着与生俱来的高贵。此后的130年里，人类从未停止过对汽车的改进。

当然，这个世界上有无数种车，比如工程车、装甲车、火车。但是最难搞定的反而是平时马路上最多的民用小汽车。

为啥呢？你知道为了让诸位安稳地开在路上，他们要做多少测试吗？

比如刹车要线性，过弯要平顺，悬挂要舒适，安全性要高，等等。为此，全世界的汽车在交到你手上前，都要去测试场完成上百项测试。

比如：法拉利有他们自己的测试赛道Florano，有时也会去穆杰罗；丰田有位于静冈县的富士赛道；本田喜欢在铃鹿赛道上做测试，特别是可以全油门通过的著名弯角“130R”；当然，还有交钱就能去跑的德国纽博格林北环。在中国也有大大小小好几条测试道，这次的主角是位于东海县的博世（东海）汽车测试技术中心。

如今一台汽车上有接近2万个零件，而它们几乎全部要通过各种测试。

博世（东海）汽车测试技术中心主要提供针对底盘部分的测试服务。

啥是底盘？它指的并不是踩在脚下的那一块钢板。底盘是指汽车上由传动系、行驶系、转向系和制动系四部分组成的组合，用来支承、安装汽车发动机及其各部件的整体，承受发动机动力，保证正常行驶。**底盘就像一个“暖男”，用他温暖的双臂 hold 住所有的朋友，让大家心往一处想，劲往一处使。**

目前博世（东海）汽车测试技术中心拥有面积超过 40 万平方米的 6 条专业测试道：两条制动测试区，拥有最长 660 米的加速道，以及最多 7 种不同摩擦系数的路面；两个坏路测试区，可以对车辆的悬挂和电子系统进行严酷测试；一个操控路测试区，测试汽车在过度转弯状态下的操控性能；一个直径 300 米的圆形动态测试区，这是一个平整无缝沥青区域，是国内最高标准的动态试验广场。这 6 条测试道均可进行漫水环境下的作业。动真格地上山下水，一台汽车想在这儿毕业可不是简单的事情。

TIPS

博世（东海）汽车测试技术中心位于县城西北，离连云港机场开车 20 分钟，优越的地理位置和便捷的交通网络为博世赢得了众多厂商的青睐，包括华晨、海马、奇瑞、比亚迪、广汽、上汽、蔚来等知名车厂都是他们的客户。

这里甚至提供定制化的测试驾驶培训和服务。

独特的资源造就**优**势的产业。

没长成水晶的石头也是宝

如果用最具代表性的生产工具来划分人类历史，大概包含石器时代、青铜时代、铁器时代、蒸汽时代、电气时代、原子时代、信息时代。仔细研究后面两个时代，你会发现有一种元素逐渐走上舞台，站在了聚光灯下，那就是——硅。

硅是一种常见的元素，在地壳中的含量仅次于氧，而这两者完美结合一下，造出了一种叫二氧化硅的物质。此种物质存在于东海的形式便是石英，简单一点理解，它就是石头。资料显示，东海石英储量3亿吨、水晶储量30万吨，可以说硅资源储量独步天下，这是东海最为骄傲的本钱。

实际上，东海人关于这个的研究由来已久。当地人常说，随便一锄头刨下去，就能翻出很多。关于这一点，东海老乡——清代人汤国泰就曾在他的笔记中写过，而且他还总结了很多种挖掘原材料的方法："夜视田中有光焰，其地下必出大水晶"，"墨泥中有明烁小石有棱如荞麦粒状，谓之水晶苗"。由此可见，对于水晶这项课题的研究从古至今就没停止过。

近些年，东海的硅企业如雨后春笋般涌现。大量的科研人员潜心研发，攻克了无数难关，取得技术上的领先。高纯晶体硅产业链、石英玻璃制品产业链、新型电光源产业链、高纯硅微粉产业链、高纯压电晶体产业

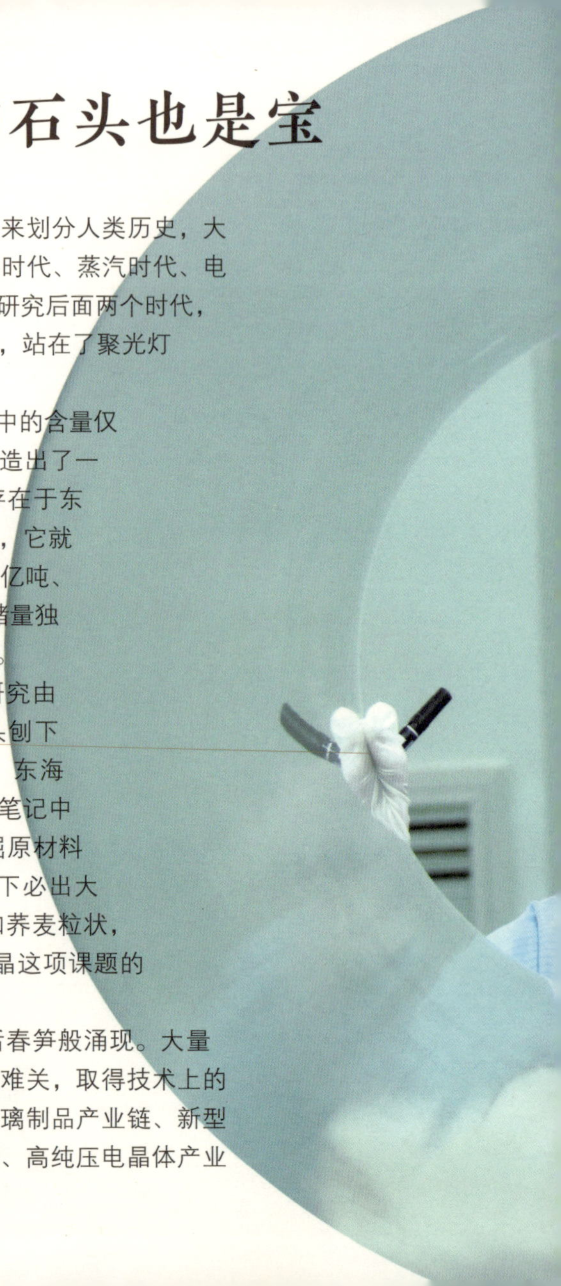

链等产业链已经形成。全球最大的太阳能电池生产厂商晶澳太阳能、亚洲最大的石英玻璃管生产企业太平洋石英等一批巨无霸企业在此落户发展。

硅工业前进的步伐一刻不停。与人类无限想象力相伴随，技术的突破对材料的要求越来越高。这块“石头”加快了人类工业发展的进程，也撑起了东海工业总产值的半边天。如今，硅产业已然成为东海的地标产业，并且随着科技的进步愈益耀眼。

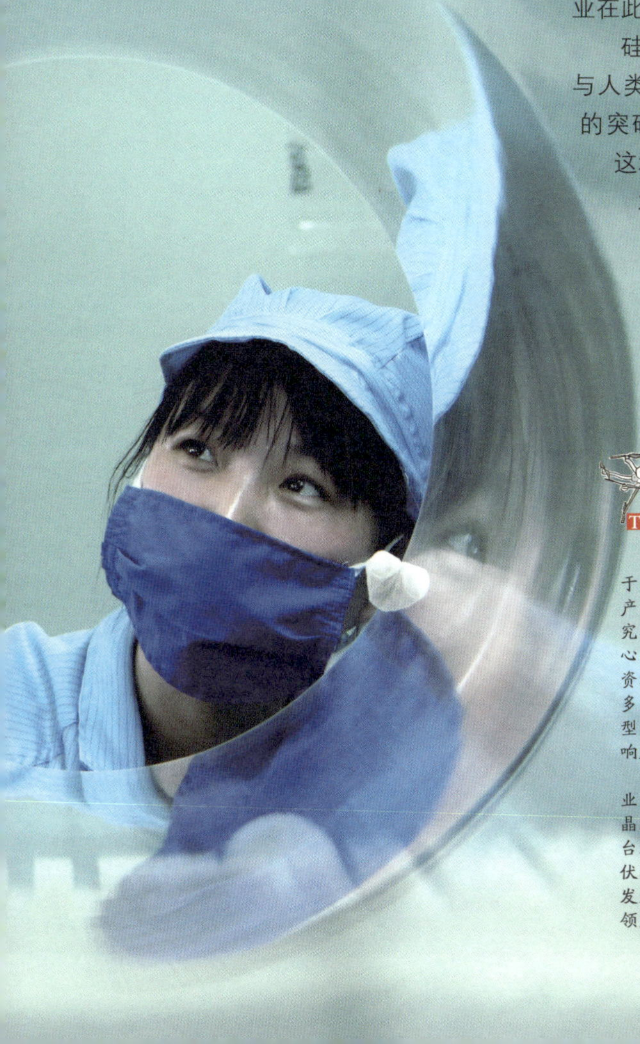

TIPS

江苏省东海硅产业科技创新中心位于东海高新区，由国家硅材料深加工产品质量监督检验中心，以及若干研究院和科技服务机构等组成。科创中心围绕东海硅产业转型升级，着眼于资源的有效整合，将县内分散、独立、多头的研发力量组织成为系统和紧密型的产学研合作体，成为在全国有影响力的区域产业科技创新创业中心。

东海有着诸多硅产业的高科技企业，如江苏太平洋石英股份有限公司、晶海洋半导体材料（东海）有限公司、台玻东海玻璃有限公司、江苏石光光伏有限公司等。这些企业经过数年的发展打造出了诸多在国内甚至世界上领先的产品。

未来已来

在坚守传统和锐意创新间，东海迈上新征程。

在三亚吃到的烧鸡跟在桃林的一个味

无论是在三亚还是在大连，你吃到的烧鸡都跟在桃林的一个味。你可知道，这只已经红了 N 年的桃林烧鸡，是如何一步步带着那一身烟熏的美味走出东海的吗?

蒋记烧鸡作为桃林烧鸡界的代表是有发言权的。一只优质的桃林烧鸡，必须严选本地一年内的家养草鸡，宰杀后配合 20 余种中草药的秘制卤料煨制，制作时采用先进的 GT7C 立式杀菌技术，保证生产过程全程无菌化，随后运用 XD 系列真空包装设备将成品烧鸡密封包装，确保锁住这只烧鸡的新鲜美味。这一整套的生产流程，从宰杀到包装成品，均由现代化食品加工流水线在 6 小时内完成，最后经过严格的食品质量检验后便可以销往全国，登上您的酒桌。

没错，这就是你能在任何地方都品尝到一只正宗桃林烧鸡的鲜美肉质的秘密。同时，这也是东海县当代食品加工产业飞速发展的见证。东海县作为国家重点的粮油生产基地，物产丰富，交通便利，逐渐成为国内一流的食品加工产业基地。你可别小看了食品加工这看似简单的产业，背后的“黑科技”之厉害要你相信!

像桃林蒋记烧鸡这样的本土品牌，

是东海本地食品加工业蓬勃发展的代表。但同时，也有更多国际性的食品加工品牌扎堆入驻东海。鼎味泰的竹轮生产线上，从阿拉斯加深海捕捞的鳕鱼肉能在短短几分钟的时间里，从鱼肉糜变身为烘烤均匀、金黄鲜香的鱼竹轮，随后急速冷冻再远销海外市场；在如意情生物科技，你能想象日产近300吨的珍稀食用菌产线上，竟然浓缩了自动智能化生产、国际先进液体种菌技术、循环农业综合利用等多项高新科技吗?

这些深藏在美味背后的高新科技，用远超你想象的发展速度，在东海生产加工出了丰富世界餐桌的美味。所以，这哪里还仅仅是一只烧鸡飞出家门的故事? 这一条条食品加工产业链编织出的，更是东海经济发展转型升级的新名片。

TIPS

东海县是全国重点粮油食品生产基地，有众多的国家地理标志保护产品。这里聚集了如鼎味泰、韩国大象、老乡好、桃林蒋记等多家国内外知名食品生产加工企业。目前，东海县也正在打造全新的食品科技产业园，这将进一步推进东海县的食品加工生产研发产业链的发展与升级。

爱东海，多一点

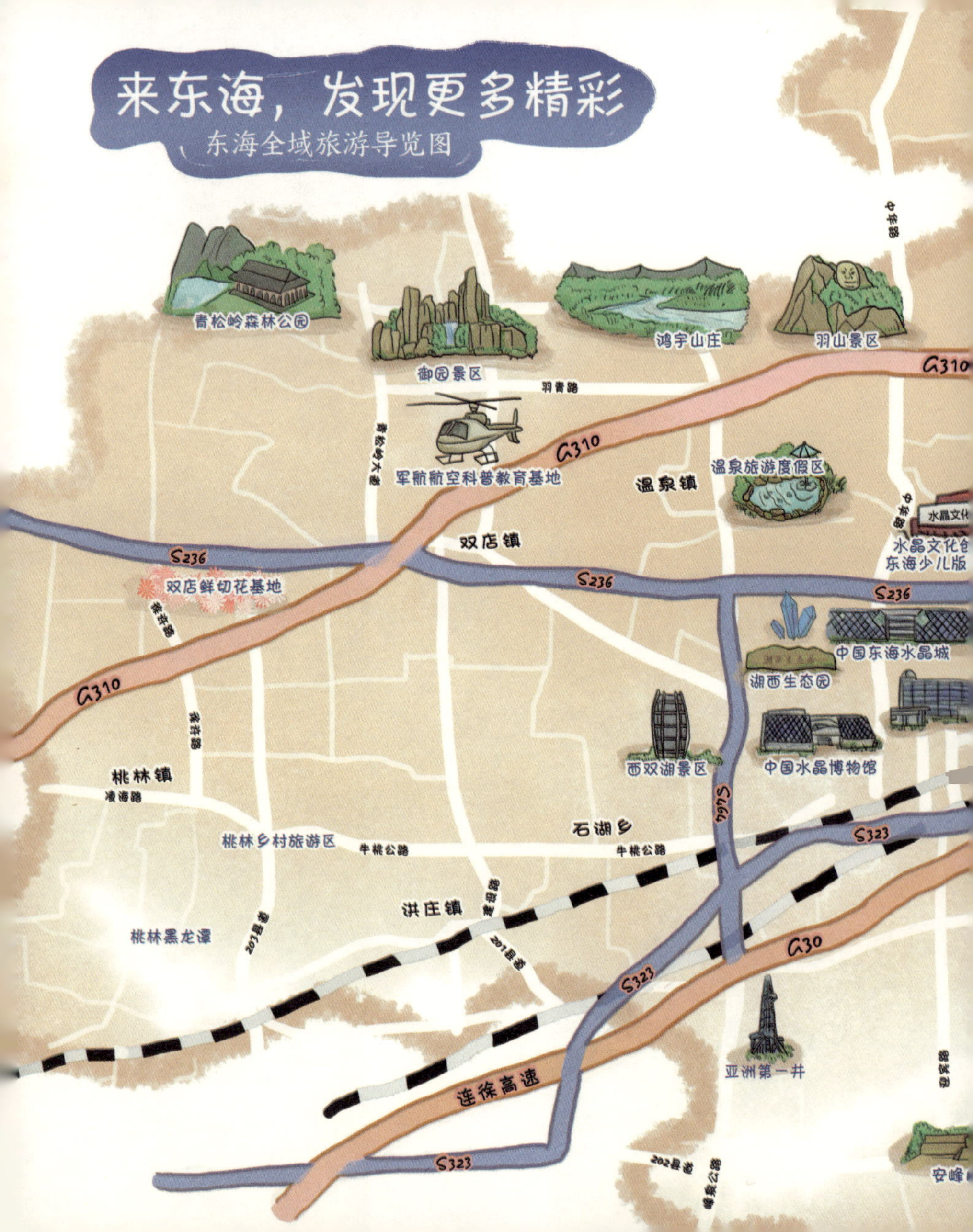
来东海，发现更多精彩
东海全域旅游导览图
青松岭森林公园
御园景区
鸿宇山庄
羽山景区
中华路
G310
羽青路
军航航空科普教育基地
温泉镇
温泉旅游度假区
双店镇
S236
双店鲜切花基地
中国东海水晶城
湖西生态园
西双湖景区
中国水晶博物馆
桃林镇
石湖乡
桃林乡村旅游区
牛桃公路
S323
洪庄镇
201县道
桃林黑龙潭
G30
亚洲第一井
连徐高速
202县道

石梁河镇
梁河万亩葡萄观光基地
帕蒂亚葡萄庄园
黄川镇
G310
G310
黄川"莓好世界"采摘园
G310
汾灌高速
S245
传奇马术俱乐部
新园路
连云港白塔埠机场
S323
S236
S323
陇海铁路
驼峰乡
科技博物馆
连徐高铁
S323
中国淮猪资源文化科普园
G15
连徐高速
G30
高速
蔷薇路
张湾乡
S245
平明镇
房张公路
202县道
房山镇
房关公路
张曲线
房关公路
S245
峰镇

旅游主题线路推荐

东海不算大，但想要深度游还是要好好规划下路线。一到两天的游览时间必不可少，但还是建议你有主题地安排逛吃游路线，可以对东海有个更全面的了解。

DAY 1

从最精华的路线走起

来东海，**第一站首选水晶博物馆**。对东海的历史和水晶的知识，在这可以有个全面了解。看完了再去隔街相望的水晶城里淘水晶，砍价也有了底气。中午别跑远了，就在县城里尝尝东海美食。楠林饭店的红烧老公鸡辣得正宗，老街坊的羊肉汤一定要配上烤牌吃才算完整。下午直到晚上，就全“浪”在温泉镇上吧！这里的三家温泉酒店各有特色，选哪个都不会后悔。

地大物博逛吃逛吃

西双湖景区有点大，光靠双脚是走不完的，但这里的每一个角落都值得一去。**百合园**里漫步，湿地公园里观鸟，再登上百合塔俯瞰县城的全景。不过这都是普通的游客路线，建议你还是和景区里的当地人聊聊，他们会告诉你，哪片芝樱花丛才是最新的“网红”打卡地。

乡村游的选择多得两只手也数不过来，黄川草莓、石梁河葡萄、双店鲜切花都是国家地理标志产品，桃林村里有美酒有酱豆。**青松岭森林温泉公园**是一定要去的，那里的温泉俗称“美人泉”。完成采摘、垂钓等一系列的农事活动，晚上再去体验一下公园里的**星空帐篷**——幕天席地，纵意所如，不过如此。

关于东海的知识点，都不超纲

◇东海是暖温带湿润季风气候，常年温和湿润，四季区分明显。

◇东海境内公路交通十分方便，连霍高速公路、同三高速公路以及310国道、204国道等交通大动脉均穿越县境。

◇连徐客专东海高铁站目前在建，预计2020年底通车，建成后东海人出行将更加便捷。

◇连云港白塔埠机场在东海县境内，从这里可以直飞北京、上海、广州、深圳、海口、大连、厦门、乌鲁木齐及曼谷等多个国内外城市。

◇东海县内住宿选择很多，东海温泉大酒店、东海嘉臣国际大酒店、连云港福如东海温泉大酒店、东海森林温泉度假酒店、东海水晶城希尔顿欢朋酒店都很不错。

◇水晶城不只是能买水晶的地方，除了1号馆、2号馆为专业的水晶珠宝市场外，3号馆是水晶城购物中心，提供吃喝玩乐一站式消

费，包括时尚服饰、连锁餐饮、亲子休闲、影城等。

◇县城比较大的商场还有远洲广场、大润发、千庄超市，基本的采购需求在这些地方都可以完成。

◇想看电影可以去远洲广场的幸福蓝海国际影城或者幸福北路的海陵影剧院。

◇在东海可以使用手机扫描乘坐公交车，具体方法如下：搜索微信小程序“晶都行”，绑定手机号和微信即可扫码乘车。还可以查询实时公交位置信息。

◇“哈啰”电动助力共享单车目前已经在东海投放，城区共有 1000 多辆，手机扫码即可实现借车还车。

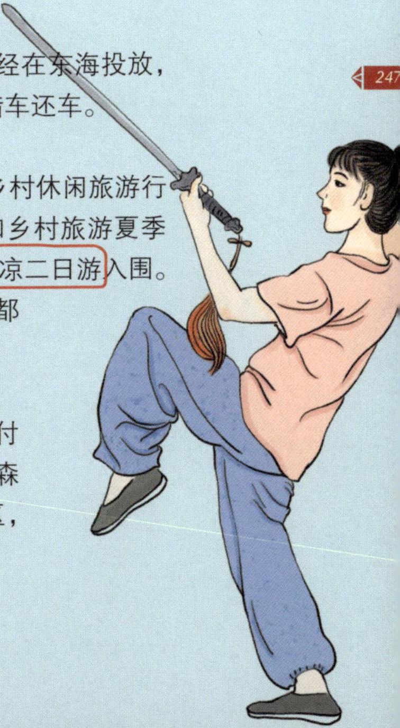

◇农业农村部举办的 2019 中国美丽乡村休闲旅游行（夏季）推介活动中，重点推介休闲农业和乡村旅游夏季精品旅游线路 150 条，其中东海夏季赏花纳凉二日游入围。这条线路是连云港市区→西双湖风景区→都市四季果园→江苏东海青松岭温泉度假区。

◇连云港市目前推出一种旅游年票，付费购买，即可全年不限次进入包括青松岭森林公园在内的大市范围内的近 20 个景区，具体信息可以至连云港年票的淘宝店查询。

每朵花都努力盛开的模样，
温柔而有力量

那些花儿，让我们看到了东海人的努力。

那些花儿，给了我们做好这本书的动力。

每一朵其实都很小，但连成片就是汪洋恣肆的花海。雨后的清晨，西双湖景区里，那铺展在地上的大片火红让人震撼。俯身近看，这种叫芝樱花的植株，纤弱细小，紧紧贴着地皮，每一株都尽力往上伸展，每一朵都努力绽开花蕾，挤得密密麻麻，开得争先恐后。

每朵花都努力盛开的样子，温柔而有力量。那是我们第一次到东海采风。那个春天的早晨让我们印象深刻。这种印象，贯穿制作这本书的始终。

初见东海这座苏、鲁交界处的县城，跟想象中的北方小城没有什么区别。道路两旁耐旱的杨树、街边小店里操着当地方言的老板，所有的细节都很朴素。当真正融入这座城市里，在犄角旮旯找到别人从未发掘过的美味或者美景，那种幸福感是油然而生的。

异地采访，有很多困难需要克服。第一关，便是吃饭。

兵马未动，粮草先行。去东海之前，听说过当地人爱吃辣，但到了之后才发现我们还是太年轻了。单拿最想吃的那道烧公鸡来说，即便是本地厨师理解的微微辣，我们吃进嘴里也是嗓子直冒烟。那些个平时都浸泡在山温水软里的小女子们哪吃得了这个？一个个香汗淋漓，辣得直喊妈妈。这时候大 boss 看不下去了：你们平时在办公室的那股爷们儿劲去哪了？

还能登上困难榜单的是当地的煎饼。在北方，煎饼可是营养丰富的无公害粮食，在某些地区简直是人们的真爱。但对于南方人来说，这只能是锻炼咬合肌的利器，只有两个字：难啃！于是乎，团队里那个腿特长（此时她正拿着刀站在后面）的姑娘，生生吃了两天煎饼后，一边吃到停不下来，一边鬼叫着“腮帮子好疼”。

可能跟孔圣人老家离得比较近，东海老乡也是非常热情好客，**本着客从远方来既要杀猪也要杀鸡的优良传统，向我们展示了最地道的地方美食，**也最大可能地照顾着我们的口味差异，在此谢过了。下次到苏州，我们招待你们吃点甜的！

第二关，便是语言。

虽然同在江苏，但东海方言跟吴侬软语实在搭不上什么边。而我们的采访对象除了景点景区的工作人员，还有村子里八九十岁的老人。为了交

流得更顺利些，我们特意派出了团队中的山东帅小伙。然而，即便费了老鼻子劲，老大爷们仍然是对牛弹琴、鸡同鸭讲。

此处，要感谢县新闻中心的各位老师。大家能在百忙之中抽出空来，带着我们逛遍东海的角角落落，同时还要承担起翻译器的角色。正是你们的得力相助，很多在“度娘”上都搜不到的鲜活素材被发掘出来，向世人展示了东海独具特色的魅力。

第三关，是……额……钱包。

为了更深入地了解水晶文化，团队里那些个女人……和男人们即便出着差也要发挥剁手败家的“优良传统”。**要知道，在全国（错！全宇宙！）最大的水晶市场，不花点钱实在是过意不去的。**据说，我们的图片统筹（我就不点名了，你们可以翻到最前面看）一下子买了三条一模一样的水晶手链，如果家属没有收到足量的礼物，请及时“拷问”。

几次采访结束后从水晶市场出门，个个红光满面，那种捡了大便宜的喜悦实在让人舒服。能为当地经济发展贡献我们微薄的力量，荣幸之至。

6个月的时间，克服了诸多困难，也收获了无数的幸福点。尤其感谢县委宣传部给予了充分信任，我们才能在各种想法

中“肆意妄为”，将热情全身心投入这本书的创作之中。

6个月的时间，从初春走到盛夏，那些花儿让我们印象深刻：从西双湖姿态谦卑的芝樱花，到千万朵竞放的壮观百合；从马陵山上不知名的野花，到路边农家院里零星的向日葵；从果园里灼灼盛开的桃花，到北沟大棚里的各色鲜花。它们品种不同，条件各异，但每一朵都充满向上的希望。**每一朵都努力盛开的样子，温柔而有力量，就像这片土地，就像这里的人。**

东海是座小城，却有着自己独特的节奏和韵律。几次傍晚在西双湖取景拍摄，城市照明系统还没开启，湖边就站满了吃过晚饭来乘凉的人。无论年轻还是年长，你很难在他们脸上找到大城市里快节奏生活所带来的焦虑与紧张。

这是独属当地人的幸福，我们也感受到了。

当你说东海怎样，可知我已热泪盈眶

情调苏州工作室作品

《情调苏州》	（中文版2011版）
《情调苏州》	（英文版2012版）
《情归同里》	（中文版2012版）
《情调苏州》	（中文版2013版）
《苏州情书》	（微电影2013出品）
《缘来常熟》	（中文版2013版）
《情定金鸡湖》	（中文版2014版）
《情定金鸡湖》	（英文版2014版）
《昆山有戏》	（中文版2014版）
《IN SUZHOU》	（英文版2014版）
《时间里》	（微电影2014出品）
《情调苏州》	（英文版2014版）
《昆山有戏》	（英文版2016版）
《静秀太仓》	（中文版2016版）
《情调苏州》	（中文版2016版）
《印象张家港》	（中文版2016版）
《情定金鸡湖》	（中文版2017版）
《情定金鸡湖》	（英文版2017版）
《悦晋城 约晋城》	（中文版2017版）
《邂逅相城》	（中文版2017版）
《静秀太仓》	（英文版2018版）
《初见晋城》	（形象片2018出品）
《情调苏州》	（中文版2019版）
《心上吴中》	（中文版2019版）
《丝·念吴江》	（中文版2019版）
《情调苏州》	（英文版2019版）

（截至2019年）

First Edition 2019

图书在版编目（CIP）数据

福，如东海 / 朱崇慧主编. --苏州：古吴轩出版社，2019.10
ISBN 978-7-5546-1429-7

Ⅰ. ①福… Ⅱ. ①朱… Ⅲ. ①城市–形象–东海县 Ⅳ. ①F299.275.34

中国版本图书馆CIP数据核字(2019)第230262号

责任编辑：徐小良
见习编辑：顾 熙
装帧设计：王银梅
责任照排：王银梅
责任校对：李爱华 祝文秀

书　　名：福，如东海
主　　编：朱崇慧
出版发行：古吴轩出版社
地址：苏州市十梓街458号　　邮编：215006
电话：0512-65233679　　传真：0512-65220750
出 版 人：钱经纬
印　　刷：苏州恒久印务有限公司
开　　本：889×1194　1/32
印　　张：8.5
版　　次：2019年10月第1版　第1次印刷
书　　号：ISBN 978-7-5546-1429-7
定　　价：58.00元

如有印装质量问题，请与印刷厂联系。0512-65656262